Estrategia SOA

Volumen I

SOA.
La tecnología al servicio del negocio.

Manuel Jesús Morales Lara

Indice de Contenidos

Introducción

1 Introducción

Siempre he pensado que el tiempo de cada uno es un bien muy valioso, así que no quisiera hacerle perder el suyo. Sepa que en este libro he intentado ir al grano y no entrar en excesivos detalles, aun a riesgo de quedarme corto en su extensión, sobre todo considerando lo amplio y profundo que podría llegar a ser este asunto. Prefiero que sea una lectura ágil y no muy larga, pero sí útil. En próximas publicaciones tengo previsto desarrollar algunos aspectos que se mencionan aquí, y otros más. Así que le invito a seguir adelante: desde un punto de vista profesional y personal, me gustaría realmente que este libro le resulte útil.

Vivimos en un mundo interconectado, esto es una obviedad a estas alturas. Pero es una realidad que olvidamos a menudo, precisamente por ser tan obvia, al igual que olvidamos que necesitamos respirar. Simplemente lo hacemos.

Pero la necesidad de intercambiar información ha surgido de forma tan rápida como silenciosa, transformando el día a día de millones de personas, y el funcionamiento de cientos de miles de empresas y organismos públicos.

Otra obviedad: las Tecnologías de la Información y las Comunicaciones (TIC) han sido determinantes en la integración de las comunicaciones en todo el mundo. El intercambio de información, la integración de los sistemas de información, ha adquirido cada vez más protagonismo durante la última década en las organizaciones empresariales privadas y públicas, precisamente empujadas por la transformación social y por una demanda de intercambio de información que ha crecido de forma exponencial.

Por lo tanto las inversiones en TIC relacionadas directamente con las necesidades de intercambio de información dentro y fuera de las empresas, cada vez se llevan más porcentaje del presupuesto TIC de cada año. Según Gartner, en las empresas y organismos públicos de todo el mundo, el 80% del presupuesto en TIC se invierte en resolver las necesidades de integración de sus sistemas de información. El otro 20% es lo que se destina a nuevos sistemas o a evolucionar los existentes. El 80% del presupuesto en TIC es mucho dinero en cualquier empresa (otra obviedad). ¿Por qué está costando tanto dinero?

Este libro trata de responder a esa pregunta (entre otras), y desde ahí presenta la solución que propone la industria a uno de los mayores retos que encaran hoy día las empresas y administraciones públicas de todo el mundo: *¿Cómo consigo que mis sistemas de información estén integrados y sean flexibles para crecer y evolucionar, manteniendo la inversión realizada y además reduciendo costes?*.

1.1 Cambios

En el mundo empresarial (tanto privado como público), lo único verdaderamente constante es el cambio. Todo el contexto en que se desenvuelve cada empresa está sujeto a nuevas leyes, nuevos competidores, nuevos retos, nuevas dificultades. Dado que las TIC son un pilar fundamental en el éxito de cualquier organización empresarial, la capacidad de crecimiento y adaptación de los sistemas de información resulta crucial para no perder el tren, decisivo para mantener la competitividad y aspirar al liderazgo en cada mercado, en cada sector.

Sin embargo, las propias TIC, facilitadoras de ese crecimiento y adaptación, a menudo suponen un lastre. Curiosa paradoja ¿verdad?. Algo debe ir mal cuando las TIC suponen un obstáculo para la evolución de los sistemas de información que sustentan el negocio de las empresas. *¿Como libero a mi organización del lastre de la tecnología para que mi negocio pueda adaptarse, evolucionar y crecer a la velocidad que me demanda el mercado?*.

Efectivamente, muchas organizaciones a menudo no pueden adaptarse con suficiente rapidez al cambio que necesitan sus objetivos, por culpa del lastre que suponen sus sistemas de información, o más concretamente, *por culpa del lastre que supone **la manera** en que se integran sus sistemas de información*.

1.2 Service Oriented Architecture

En este libro vamos a intentar explicar el problema que supone compartir información entre los sistemas de información tal como suele hacerse, un problema que en los últimos años se está haciendo visible en miles de empresas y organizaciones en el mundo.

Una vez entendido el problema, nos centraremos en el protagonista de este libro: SOA (Service Oriented Architecture) y todos los ingredientes que componen la estrategia SOA. Y lo primero será situar bien qué queremos decir cuando hablamos de SOA hoy en día[1].

Es posible que piense que usted o su organización ya tienen resuelto el problema de las integraciones. O puede que ya sepa usted lo que es SOA, o lo que promete, y quizá piense que es una metodología más, o piense que ya usa SOA en su organización (ya usa servicios web... una confusión habitual). Quizá ha oído hablar de que SOA ya pasó de moda.

Pero permítame algunas preguntas:

---

[1] El Manifiesto SOA matiza entre Orientación a Servicios (el paradigma) y SOA (la arquitectura). En este libro usaremos ambos conceptos indistintamente, porque aunque estamos de acuerdo en el matiz, creemos que distinguirlos en el uso puede, paradójicamente, crear confusión: paradigma y arquitectura deben ir juntos de forma natural. El primero establece los parámetros ideológicos, el segundo establece las vías para llevarlos a la práctica, siendo además de una arquitectura física, una arquitectura conceptual.

¿Dónde está el conocimiento de sus procesos de negocio?. ¿En algunos proveedores TIC externos?. ¿En algunos de sus empleados o directivos?. ¿Piensa que ahí está seguro todo ese conocimiento, a tiro de los cambios del mercado laboral?.

¿Cuánto le cuesta que todos los sistemas de información de su organización consulten la información de sus clientes o usuarios?. Y si decide cambiar el sistema de registro cuando éste quede obsoleto, ¿cuánto le costaría adaptar sus sistemas de información?.

Su explotación de la información, ¿es uniforme y cubre todas las áreas de negocio de su organización, o algunas áreas más que otras?. ¿Dispone de la información precisa y actualizada en tiempo real, o cada cierto tiempo?. ¿Qué impacto sufre si necesita cambiar algunos de sus sistemas de información o ampliar los indicadores a explotar?.

¿Tiene su organización una estrategia corporativa en TIC?. Note que usamos el término "estrategia", y no "política". ¿Y en integración de sistemas de información?. ¿Podría su organización integrarse fácilmente con otras organizaciones si le surge la necesidad y la oportunidad?.

Posiblemente usted defienda y considere que tiene un mapa de sistemas de información modularizado que facilita la flexibilidad de su organización para cambiar los módulos minimizando el impacto para el resto de sistemas. Pero ¿ha calculado cuánto le costaría *realmente* ese cambio?. ¿En qué plazo?. ¿Podría cambiar de proveedor o tecnología, o el riesgo es demasiado alto?. ¿Por qué cree que es tan alto?.

Espero que al final de este libro usted esté de acuerdo conmigo en que SOA es la mejor solución al problema de la interoperabilidad de los sistemas de información en una organización empresarial, y con suerte habré sabido mostrarle sus muchas ventajas y los varios aspectos en que SOA puede añadir valor hoy día a las organizaciones de todo el mundo.

SOA es la llave a nuevas mejoras y capacidades estratégicas en TIC, y representa una etapa determinante en su evolución, un nuevo nivel de abstracción, que es, al fin y al cabo, de lo que va todo esto de los ceros y los unos…

Un dato más: según Gartner, SOA permite reducir al 40% el presupuesto dedicado a resolver las necesidades de integración de sistemas de información, dejando el 60% restante para evolucionar y mejorar los sistemas de información.

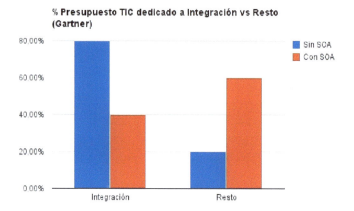

Estimación de inversión en integración de sistemas, con y sin SOA, según Gartner

ESTE LIBRO PUEDE INTERESARLE SI USTED ES:

- Un profesional de cualquier sector, que lidia a menudo con los problemas que surgen de la insuficiente capacidad de los sistemas de información que utiliza para intercambiar información, e interesado en conocer lo que SOA puede ofrecer al respecto.

- Un gerente o directivo de una consultora o empresa de servicios TIC, interesado en ofrecer a sus clientes verdadero valor diferenciador.

- Un responsable TIC en su organización, interesado en encontrar cómo reducir los costes en el intercambio de información entre sus sistemas de información, y agilizar (o incluso desbloquear) la capacidad de su organización para cumplir objetivos y crecer.

- Un profesional de las TIC, que viene percibiendo que los mayores retos en el sector ya no son tecnológicos, sino metodológicos, de enfoque, de paradigmas: no importa tanto *con qué* se hacen las cosas, sino *cómo se hacen las cosas.*

- Un directivo o responsable de una organización empresarial, que entiende que las TIC son clave para el éxito de su empresa y que no pueden estar en un *segundo plano de decisión estratégica.*

- Un profesional TIC que ya conoce SOA, pero piensa que es una aproximación tecnológica que independiza la capa de negocio de la capa de datos, o cualquier otro enunciado tecnológico de este concepto que circula por la red.

- Uno de mis seres queridos, amigos, compañeros o conocidos.

¿Qué es SOA? (de una vez por todas)

Para llegar a una definición lo suficientemente precisa y completa de lo que es SOA, tenemos que entender bien los problemas que se encuentran en los últimos años muchas organizaciones empresariales, tanto en el sector público como en el sector privado. Para explicar lo que es SOA una simple definición no sirve, porque no es simple. Primero es necesario comprender bien el escenario, y así veremos con más claridad el concepto.

2 ¿Qué es SOA? (de una vez por todas)

El auge de las TIC en las últimas décadas ha transformado profundamente el mundo y ha impactado de manera determinante en las empresas y administraciones públicas. En pocos años hemos pasado de una informática centralizada, masiva, local y propietaria, a unas TIC distribuidas, especializadas, abiertas y estándar. En realidad esta transformación aún está en marcha y está obligando a las organizaciones a adaptarse rápidamente.

Este camino ha estado y está lleno de retos y decisiones muy complejas:

- hay que encontrar soluciones que permitan el intercambio de información entre sus sistemas de información, buscando integrar sus sistemas entre sí.

- buscar soluciones que protejan las inversiones ya realizadas (bastante mejor que tirar los sistemas existentes y empezar de cero).

- encontrar la forma en que convivan las distintas tecnologías que se han usado en cada momento, las que estaban en auge dentro del sector, siempre en función de las necesidades y los presupuestos disponibles; tecnologías que, rápidamente, han ido quedando obsoletas e insuficientes.

- por supuesto mantener la competitividad en el mercado, que obliga a adaptarse con rapidez, lo que a menudo conduce a delegar la tarea en proveedores externos; estas empresas se ofrecen como expertos en la tecnología de turno, y son rápidos proveedores de recursos.

- todo esto supone nuevas y cuantiosas inversiones, que idealmente, se deberían proteger hasta obtener un retorno o como mínimo, hasta amortizarlas.

A todo esto se une otra circunstancia, relativa al enfoque tradicional que han tenido y aún tienen las empresas y organizaciones respecto a sus proyectos TIC.

Habitualmente, las empresas han tenido un enfoque orientado a las áreas funcionales, vertical, centrado en lograr sistemas de información que respondan adecuadamente a los requerimientos de cada área funcional: clientes, contratación, facturación, cobros, recursos humanos, almacén, ventas, etc, etc.

Este enfoque vertical, con escasa visión del resto de las áreas y por tanto escasa visión global del negocio de la organización, a menudo ha generado o aumentado algunos de los ingredientes del problema de partida:

Causa	Efecto
Cada área funcional ha pensado en su propio sistema de información, repitiendo a menudo requerimientos que son transversales, comunes a toda la organización.	La organización ha tenido que pagar varias veces, a distintos proveedores, por un mismo requerimiento común a toda la organización. Y probablemente tenga que mantener distintas soluciones a un mismo requerimiento.
Diferentes sistemas de información han sido encargados a empresas proveedoras del sector, delegando el conocimiento en ellas.	Cuando surge la necesidad de cambiar de proveedor, por criterios de costes o por necesidad, el conocimiento se encuentra en personal externo a la organización, que a menudo debe ser "fichado" para mitigar el riesgo (riesgo que aun así permanece).
La tecnología empleada en cada caso ha quedado rápidamente obsoleta, apareciendo grandes dificultades para evolucionar el sistema conforme la organización lo necesitaba.	El número de incidencias que surgen de estos sistemas sube drásticamente, no tanto por cuestiones técnicas, sino de calidad y disponibilidad de la información. Algunos de los objetivos de negocio de la organización se ven comprometidos, en alcance o en plazo.

Cuando ha surgido la necesidad de intercambiar información con otras áreas, se han diseñado soluciones a medida, fuertemente acopladas y a menudo propietarias.	El acoplamiento impone fuertes dependencias entre los sistemas de información, privandolos de autonomía y obligando a sus usuarios a "cruzar los dedos" para que otros sistemas, que no deberían afectarles, funcionen correctamente. Obliga además a incluir en el alcance de los proyectos TIC a más sistemas y por tanto a más equipos de los que serían estrictamente necesarios, atendiendo a la necesidad surgida en el negocio. Las dificultades de calendarios, coordinación, planificación, etc suben exponencialmente, conduciendo a menudo a proyectos finalizados con mucho retraso, escasa calidad, y complejo mantenimiento. Las interfaces propietarias lastran y encarecen la capacidad de interoperabilidad de la organización, tanto internamente como externamente.

No es difícil imaginar cómo ha ido evolucionando el mapa de sistemas de estas organizaciones: Sistemas de información heterogéneos en cuanto a tecnología, arquitectura, enfoque... sistemas a menudo redundantes en cuanto a alcance y funcionalidades... interfaces de integración de datos heterogéneas, punto a punto, a medida... soluciones a menudo invasivas como el acceso a bases de datos de otros sistemas, apertura de interfaces de usuario embebidas...

Este panorama, en organizaciones de tamaño medio y grande, termina por pintar un mapa de sistemas inabarcable, enormemente complejo y costoso de mantener y escalar. Es lo que se conoce en el argot como arquitectura "*espagueti*".

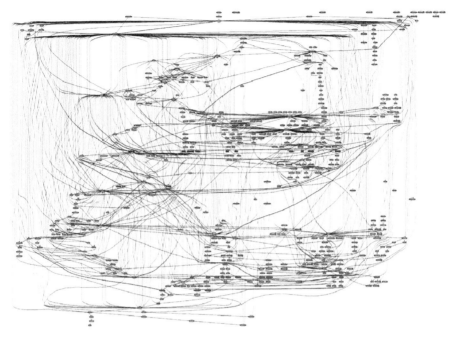

Ejemplo de un mapa de sistemas con una arquitectura espagueti

2.1 Los retos

Estamos de acuerdo en que a pesar de la ineficiencia que resulta evidente de estos mapas de sistemas, las organizaciones siguen funcionando... pero analicemos más detenidamente en qué condiciones lo hacen.

2.1.1 Acoplamiento

El primer problema que salta a la vista en estos escenarios tipo espagueti, es la fuerte interdependencia que adquieren los sistemas de información integrados (o quizás sería mejor decir "incrustados"). Evolutivos que deberían tener un coste y un plazo bien acotados, se ven encarecidos y retrasados significativamente debido a que comparten tablas, interfaces, ficheros, etc. con otros sistemas de información que no haría falta modificar, si atendemos estrictamente a las necesidades del negocio.

La situación puede llegar a ser bloqueante para la viabilidad de algunos proyectos, por la limitación de los presupuestos disponibles y la necesidad de soluciones en un plazo menor. Estos proyectos suelen entrar en una dinámica de retrasos, faseados y soluciones provisionales, que resultan un lastre en la capacidad de adaptación de la organización a sus propias necesidades.

Estos sistemas de información también suelen ver deteriorados otros aspectos importantes, entre otros:

> ➤ *Rendimiento*. Nuestro sistema puede tener unas prestaciones y diseño prometedores en cuanto a estabilidad, velocidad y fluidez. Sin embargo, al depender de otro sistema externo para resolver un caso de uso, su rendimiento dependerá totalmente del de este otro sistema, cuyo diseño y especificaciones técnicas pueden ser muy diferentes.

> ➤ *Usabilidad*. Al estar expuesto a microcortes en las comunicaciones, ventanas de mantenimiento de otros sistemas, problemas locales de esos otros sistemas, etc, nuestros usuarios pueden encontrar tiempos de espera frustrantes, especialmente si acaban en un mensaje de error. Nuestro sistema seguramente no se merece esa mala imagen.

> ➤ *Mantenimiento*. Una parte del funcionamiento de nuestro sistema depende de otros sistemas, y por tanto de otros equipos. El escalado de incidencias a menudo introduce demora en su resolución, y de nuevo el grado de satisfacción de nuestros usuarios, profesionales y clientes, se ve afectado negativamente.

Además, a la propia inversión inicial que supuso la construcción del sistema, se añaden ahora nuevas y costosas inversiones que, naturalmente, deberían protegerse hasta obtener su retorno.

2.1.2 Verticalidad, Redundancia y falta de Integridad

Tradicionalmente, los sistemas de información se han planteado para dar respuesta a una serie de requerimientos de un área funcional, como facturación, contratación, clientes, recursos humanos, etc. O a varias áreas funcionales, especialmente con la llegada de las arquitecturas distribuidas y las aplicaciones web. Estos sistemas comparten información mediante procesos nocturnos por lotes, descargas más o menos masivas, transformaciones de datos y cargas (Extract, Transform and Load, ETL), etc.

Esta concepción vertical del alcance de los sistemas de información no tiene en cuenta la existencia de los procesos de negocio, que abarcan casi siempre varias áreas funcionales, ni requerimientos que son comunes a varias o a todas las áreas, de ámbito organizacional y por tanto transversal. En la práctica este problema se traduce en que distintos proveedores, en distintas tecnologías, implementan *su propia solución a un mismo requerimiento en distintos sistemas de información.*

Pero el problema no es solo de redundancia, sino que desde ese momento, si la organización necesita evolucionar o adaptar esa función o proceso transversal, el impacto en sus sistemas de información para adaptarse es muy alto y difícilmente se puede coordinar eficientemente, por lo que los responsables de TIC se enfrentan a un puñado de proyectos nuevos, con plazos distintos y costes innecesariamente altos, y se enfrentan también muy probablemente a tener que mantener durante un tiempo el anterior proceso obsoleto hasta que todos los sistemas se adapten al cambio.

Un problema adicional derivado de este enfoque tradicional vertical en la definición y alcance de los proyectos TIC, se refiere a la *falta de integridad de la información*. Y esto es tanto como decir la mala calidad de la información y la no disponibilidad de la información. Enfocar los Sistemas de Información hacia las áreas funcionales, suele conducir a paradigmas de intercambio de datos con otras áreas, a base de procesos por lotes periódicos, que suelen ejecutarse cada cierto tiempo (cada noche, cada semana, cada mes...), o a descargas más o menos elaboradas, a demanda o programadas. Esto implica inevitablemente que mientras la información no es enviada, es decir, hasta que dichos procesos se ejecuten, un usuario que pretenda tener una visión global de la información a nivel de negocio no podrá verla (o la verá incompleta o desactualizada, que es aún peor).

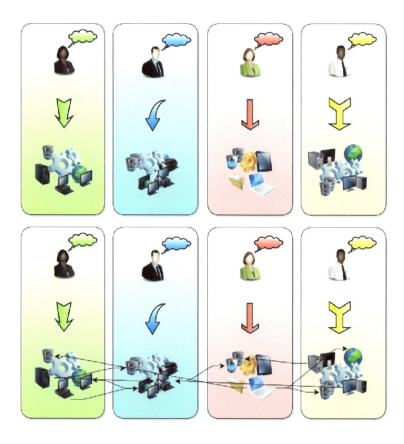

El enfoque vertical por áreas funcionales favorece la aparición del acoplamiento y el clásico mapa tipo espagueti

2.1.3 Semántica y Estándares

La integración de sistemas de información a menudo descuida un aspecto importante, que incide directamente en la capacidad de la organización para explotar la información: la *semántica*. No basta con lograr intercambiar la información necesaria entre los sistemas de información que la necesiten, sino que es necesario *asegurar que los datos significan lo mismo en todos los sistemas que los utilizan*. Esto que parece evidente no es tan sencillo: muchas veces se descuida, y cuando se pretende asegurar se cae a menudo en la trampa del acoplamiento.

Y es justo en este punto donde los estándares cobran todo el sentido, ocupando un lugar absolutamente fundamental para el éxito de la implantación de una estrategia SOA. Los estándares funcionan como una especie de plantilla, o metaclase, de donde heredamos lo que se ajusta a nuestro caso concreto y personalizamos lo que requiera especificaciones particulares. Es muy importante aquí darnos cuenta de que *esa personalización debe ser de la organización y para la organización*, y nunca de un proveedor particular, o para un sistema de información particular. Para ello será fundamental establecer políticas claras que deben ser seguidas por todos los equipos implicados.

El uso de estándares de negocio para la especificación de los valores y estructuras a intercambiar, permite unificar el conjunto de valores permitido y asegurar así dos aspectos fundamentales:

✔ gracias a que la semántica del negocio es homogénea, la organización puede explotar la información con un alcance global, y

✔ al eliminar la ambigüedad en la especificación de la mensajería, todos los sistemas entienden lo mismo y por tanto las probabilidades de errores disminuyen.

2.1.4 El conocimiento del Negocio

El uso de interfaces propietarias y soluciones a medida que introducen acoplamiento entre los sistemas de información, a menudo conduce a que el conocimiento experto del negocio se encuentre fragmentado y esparcido entre los distintos grupos funcionales, e incluso entre los distintos proveedores TIC externos a la propia organización.

La combinación del enfoque vertical, por área funcional, con la adopción de soluciones propietarias, punto a punto, aleja el conocimiento transversal de los procesos que componen la cadena de valor del negocio, los flujos de trabajo que permiten aportar valor a la organización mediante la recepción, procesamiento, transformación y explotación de la información, para ofrecer los mejores servicios a los clientes y mantener una posición competitiva en su sector empresarial.

De esta forma, el conocimiento de los procesos de negocio se encuentra esparcido, descoordinado e indocumentado. Esto supone un riesgo evidente para la organización, ya que el conocimiento de los procesos de negocio es un activo clave para las organizaciones. Delegar este conocimiento en proveedores externos, o simplemente mantenerlo indocumentado y repartido entre distintas personas de la organización, no es la mejor manera de proteger un activo tan importante.

Por otra parte, incluso aceptando este modelo más o menos impuesto por las circunstancias, ningún proveedor es experto en todo el negocio, ni siquiera existe normalmente un experto global en ninguna organización. Si no se toman medidas para *recopilar, normalizar y documentar* este conocimiento, es muy probable que la evolución de los sistemas de información se vaya alejando de una visión completa y acertada del negocio. Esto favorece la redundancia en los requerimientos entre distintos procesos de negocio, y por tanto los sistemas de información implicados, la descoordinación de los proyectos TIC, y el consiguiente impacto en plazos, costes y objetivos.

2.2 Una definición

Existen cientos de definiciones de SOA en internet. Aunque rara vez coinciden al cien por cien, sí es cierto que en los últimos años han empezado a converger en algunos aspectos clave, en los que las consultoras y los profesionales, y sobre todo la industria parece estar de acuerdo respecto a los ingredientes que definen la orientación a servicios. Algunos organismos de estandarización, como OASIS (Organization for the Advancement of Structured Information Standards) y OMG (Object Management Group), están trabajando activamente en la definición y publicación de Modelos de Referencia y estandarizaciones, relacionadas directa o indirectamente con SOA. Aparecerán referencias a estos trabajos a lo largo de este libro y próximas publicaciones.

En nuestra opinión, la mejor referencia para entender y situar el concepto de SOA como estrategia TIC de negocios, es sin duda el *Manifiesto SOA*. Publicado por un grupo de trabajo liderado por Thomas Erl, reúne en un breve pero claro texto los valores y principios rectores que definen las bases de la estrategia, y que deben inspirar el diseño y enfoque de los proyectos TIC en una organización, y sobre todo su Gobernanza.

Nosotros aquí vamos a proponer una definición alineada con estos valores y principios rectores publicados en el Manifiesto, pero vamos a bajar un poco del plano ideológico que éste tiene en su enunciado, para acercarnos un poco más a su traducción en la realidad.

Basándonos en nuestra experiencia, y con todas estas referencias presentes, ofrecemos a continuación *una* definición:

SOA es una estrategia empresarial en TIC, que establece un marco normativo de interoperabilidad en toda la organización, de obligado conocimiento y cumplimiento por parte de todos los responsables y participantes en proyectos TIC, Gestión de Cambios, responsables funcionales, proveedores externos, área de Sistemas, etc.

Este marco normativo se basa en los siguientes principios, que definen su alcance:

1. el uso de **estándares**,
2. la homogeneización de la **semántica** propia de la organización,
3. el análisis y modelado de **procesos de negocio** de la organización,
4. el diseño y publicación de servicios de negocio y de infraestructura, encapsulados y **reutilizables**,
5. la coexistencia de tecnologías heterogéneas, y de sistemas de información antiguos con los nuevos desarrollos,
6. la obtención de un mapa de sistemas de información **desacoplado, escalable y ágil**,
7. la **reducción de costes** en los proyectos TIC de la organización,
8. la protección de inversiones pasadas, y maximizar la rentabilidad de las inversiones futuras,
9. la **interoperabilidad** funcional y semántica de la organización,
10. la independencia del negocio respecto de la tecnología, para

alinear la tecnología con el negocio,

11. la autonomía respecto a proveedores y cambios tecnológicos, reduciendo los riesgos asociados,

12. la orientación a **eventos de negocio** (Event Driven Architecture, EDA), que disparan la orquestación de los servicios mediante mensajería preferentemente asíncrona,

13. la creación de un equipo de expertos SOA y de negocio (Centro de Excelencia, Oficina de Gobierno SOA, etc), que cíclicamente revise cada avance y posibles mejoras, y ejecute la **Gobernanza**,

14. la monitorización y optimización de los procesos de negocio.

Durante los próximos capítulos desarrollaremos todas estas características, y algunas otras relacionadas. Para empezar, vamos a echar un vistazo a los principios aceptados en la industria como principios de diseño de los servicios, en una arquitectura orientada a servicios. Creo que es un buen punto de partida, desde una perspectiva práctica, sobre el que ir añadiendo los ingredientes que, a nuestro juicio, otorgan a SOA todo el potencial que tiene como estrategia TIC.

2.3 Los Principios de diseño SOA

Implantar una estrategia SOA requiere un esfuerzo coordinado de todos los grupos de interés que participan en las TIC de la organización. Se deben atender numerosos frentes, y en todos ellos es necesario un cambio de enfoque importante[2], respecto a la forma tradicional de afrontar los requerimientos de integración e interoperabilidad en el mapa de sistemas de la organización.

Este cambio de enfoque, debe estar inspirado constantemente por los Principios de diseño de SOA. Introducen los parámetros de diseño básicos, que deben tener en cuenta todos los equipos responsables de la definición, análisis, modelado, diseño y construcción de los Sistemas de Información. Esto incluye al equipo responsable de la construcción y publicación de los servicios, y también a los equipos responsables de la construcción de los sistemas que usarán dichos servicios, bien como proveedores, bien como consumidores. Volveremos a este punto más adelante.

Antes de exponer los principios que propone la industria, vamos a plantear uno de nuestra cosecha que, además de sencillo, consideramos fundamental y previo, y que realmente es transversal a todos los perfiles participantes en las TIC de la organización:

---

[2] Lo recoge el segundo principio rector del Manifiesto SOA: "Reconocer que SOA en última instancia exige cambios en muchos niveles"

Ningún sistema de información de la organización se integra con otros sistemas, sino que se integran únicamente con la organización, mediante su Catálogo de Servicios estándar.

Especialmente en foros donde existe poca o ninguna experiencia en SOA, acostumbrados a los enfoques tradicionales de integración de sistemas, este principio tan básico dice mucho sobre el cambio de enfoque necesario:

→ por ejemplo, establece que los equipos implicados en los sistemas a integrar, no tienen que hablar entre sí para intercambiar información sobre formato de los datos, o el mensaje a intercambiar,

→ en vez de eso, tienen que hacer lo que determina la organización en sus Políticas de interoperabilidad y en su Catálogo de Servicios; en definitiva, lo que determina la Oficina de Gobernanza,

→ y dice también, en el lado tecnológico (normalmente el más cercano a los enfoques tradicionales), que el punto de comunicación para el envío y recepción de la mensajería es la infraestructura SOA de la organización, y no el sistema con el que se integra desde el punto de vista tradicional. Esta infraestructura SOA es la capa tecnológica sobre la que se despliega la estrategia.

Como hemos dicho, volveremos a algunos de estos aspectos más adelante. Vamos a recopilar a continuación, brevemente, los Principios de diseño SOA.

2.3.1 Contratos de Servicio estandarizados

Un posible enunciado de este principio podría ser:

Todos los Contratos de Servicios[3] del Catálogo de Servicios SOA deben cumplir los mismos estándares y normas de diseño.

Lo que este principio viene a destacar es que, en un mismo Catálogo de Servicios, todos los servicios (sus Contratos de diseño) deben cumplir las mismas normas y estándares de diseño marcados desde la Oficina de Gobernanza SOA. El uso de estándares y el cumplimiento de las normas establecidas, hace posible la Gobernanza del Catálogo, esto es evidente. Piense que, precisamente la ausencia de estándares y normas comunes, es una de las principales causas de las arquitecturas de espagueti que abundan en las empresas y organismos públicos, donde el control y coordinación de los mapas de sistemas de integración suponen tareas prácticamente imposibles de acometer.

---

[3] Al hablar del contrato de un servicio, no debemos pensar en el WSDL (Web Service Description Language) de un servicio web. El WSDL es un contrato a nivel tecnológico, específico de esa tecnología. No perdamos de vista que en SOA nos independizamos de la tecnología, por lo que los diseños de los servicios no incluyen ninguna especificación tecnológica; se trata de documentos de diseño.

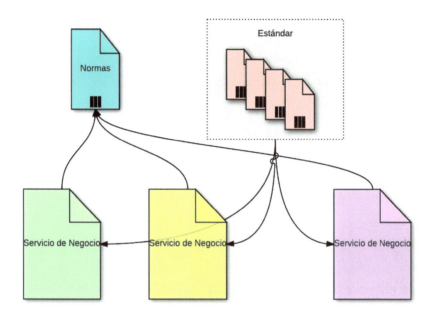

La estandarización de los Contratos de Servicios pasa por implementar el estándar y referenciar la normativa

2.3.2 Bajo acoplamiento de Servicios

El segundo principio dice:

Los contratos de los servicios imponen requerimientos de bajo acoplamiento a los sistemas que los usan, y están ellos mismos desacoplados de su entorno.

Lograr un mínimo acoplamiento es un factor clave de éxito, incluso un objetivo, en una estrategia SOA. En el acoplamiento radica en buena parte el encarecimiento de los proyectos TIC con requerimientos de interoperabilidad, y es la principal consecuencia de una débil Gobernanza en el mapa de sistemas de una organización.

Pero el bajo acoplamiento que tenemos que perseguir tiene varias caras.

Aparte del desacoplamiento entre el servicio y su entorno, o lo que es lo mismo: el encapsulamiento de los servicios, está también el desacoplamiento tecnológico. Esto significa que debemos ser capaces de publicar cualquier servicio a cualquier sistema de información, sea cual sea su tecnología. La estrategia SOA tiene que tender puentes, facilitar la integración de todos los sistemas participantes con el menor impacto posible. A menudo sucede que los sistemas existentes tienen una tecnología muy antigua, o muy rígida, o simplemente no disponen de capacidad para migrar a otra tecnología más reciente, por falta de recursos o por presupuesto. Para esto están indicados los muchos adaptadores tecnológicos que deben incorporar de fábrica los ESB (Enterprise Service Bus)[4]. Pero en el diseño y construcción de los servicios debemos ser conscientes de este tema, usar tecnologías abiertas[5], y evitar diseños condicionados por peculiaridades específicas de alguna tecnología concreta.

Otro factor que incide directamente en lograr el menor acoplamiento, es el uso de los estándares para definir la mensajería. Si algo bueno tienen los estándares, es que definen con precisión universal un esquema, que sirve como interfaz para todos los sistemas, sin importar ninguna consideración tecnológica. Si no se usan los estándares, caemos en la definición de mensajería propietaria, y estaremos aceptando un cierto nivel de acoplamiento en la capa de mensajería.

Otro tipo de acoplamiento mucho más sutil, y que no siempre puede evitarse, es el acoplamiento transaccional. Con esto nos referimos al efecto que provoca el abuso de la sincronía entre extremos. Cuando un servicio se define como síncrono entre extremos, como por ejemplo en un patrón de consulta-respuesta, podemos estar cumpliendo todos los principios SOA conocidos pero estaremos haciendo que nuestro usuario, el usuario de nuestro sistema de información, dependa de la disponibilidad no solo de este sistema que está usando, sino también de aquel que debe responder a la consulta en un determinado momento, y

---

[4] Pieza básica en la Infraestructura SOA, de la que hablaremos más adelante.
[5] Como   XML (eXtensible Markup Language), XSLT (eXtensible Stylesheet Language Transformations), etc.

en un tiempo aceptable en términos de rendimiento. Aunque estos patrones son necesarios en algunos casos, deberían adoptarse únicamente cuando un patrón asíncrono no es posible, o eficiente, desde el punto de vista del negocio.

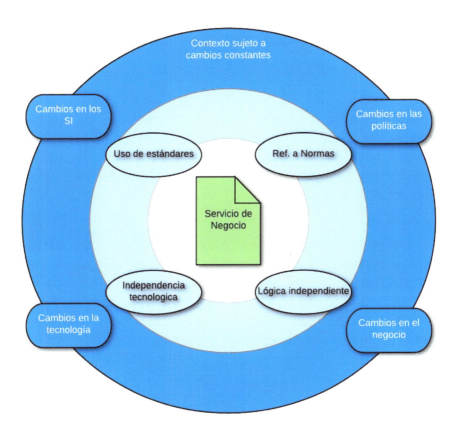

El acoplamiento tiene varias caras, y debe ser minimizado en todas para lograr servicios desacoplados, no condicionados por los cambios que se suceden en su contexto

2.3.3 Abstracción de los Servicios

Los Contratos de los Servicios únicamente contienen información esencial para su diseño, y la información disponible sobre los servicios se limita a lo que está publicado en los Contratos de los Servicios.

La literalidad de este principio se centra en asegurar que el Contrato del Servicio es la única fuente de información disponible sobre sus especificaciones y uso, así como que en su contenido no debe incluirse ninguna información relativa a ninguno de los sistemas que lo usan, ni los entornos donde se despliega.

Esto incide directamente en otros principios SOA: contratos estándar, autonomía, reusabilidad y bajo acoplamiento. Si piensa detenidamente en los principios SOA, en general verá que están muy relacionados entre sí. Abstraer el diseño de los servicios de su entorno y de los sistemas que los usan, con ayuda del uso de estándares, garantiza su autonomía, aumenta su reusabilidad y disminuye su acoplamiento.

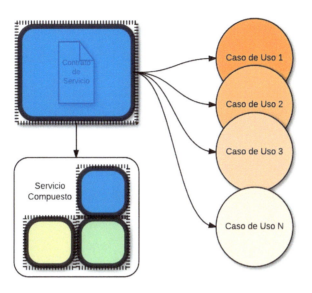

La abstracción potencia la reutilización en distintos casos de uso y en composición de servicios

2.3.4 Reusabilidad de los Servicios

Los servicios contienen y expresan lógica independiente, y deben poder ofrecerse como recursos empresariales reutilizables.

La reutilización de los servicios es quizá la característica más conocida e inmediata de todas las bondades que aporta SOA al mapa de sistemas de una organización. Pero para lograrlo, deben tenerse en cuenta todos los demás principios que cimentan la estrategia.

Del enunciado de este principio conviene prestar atención a dos detalles:

→ por un lado, se habla de *lógica independiente*; de nuevo aparece la abstracción al referirnos a la lógica que incluye la definición de los servicios: la lógica de cada servicio debe mantenerse independiente de los sistemas que potencialmente podrán usarlos, así como de cualquier detalle tecnológico sobre su implementación;

→ y por otro lado, se habla de que los servicios deben poder *ofrecerse como recursos empresariales reutilizables*; me parece muy destacable el término "recursos empresariales reutilizables". Incide en la necesidad de que la especificación de los servicios, sus contratos de diseño, deben ser publicados y estar accesibles para todos los equipos participantes en la definición, modelado, diseño y pruebas de los proyectos TIC con requerimientos de interoperabilidad. En última instancia, apunta también hacia la industrialización del desarrollo de software: incorporar al proceso de concepción, diseño, construcción y pruebas de piezas de software los mismos principios que rigen el proceso de concepción, diseño, fabricación y pruebas de piezas de cualquier sector industrial. Como fabricar tuercas y tornillos para ser reutilizados en múltiples situaciones, sin cambiar nada de sus especificaciones.

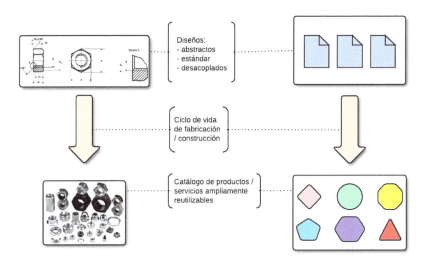

Los principios de diseño y fabricación industrial aplicados a las TIC fomentan la reutilización

La reusabilidad no puede alcanzarse sin el uso de estándares, sin abstraer su diseño del entorno, ni descuidando el bajo acoplamiento. Tampoco podemos aspirar a tener un catálogo de servicios reutilizables si nuestros servicios no son autónomos.

2.3.5 Autonomía de los Servicios

Los servicios tienen un alto control sobre sus entornos en tiempo de ejecución.

Dicho de otra forma: un servicio no puede contener lógica que dependa de nada externo al propio servicio, y que pueda condicionar o influir en su funcionamiento, ya sea un modelo de datos, un sistema de información, o cualquier otra cosa. La necesidad de esta autonomía viene impuesta en gran medida por la reutilización, puesto que no podemos esperar que un servicio sea reutilizable, si su lógica está acoplada de alguna manera a algún otro artefacto externo al servicio.

Para dotar de autonomía a los servicios, hay que poner el acento en la abstracción, el encapsulamiento, el uso de estándares, y la adherencia a las normas y políticas dictadas desde la Gobernanza de la organización. Además, debe hacerse uso de las facilidades y utilidades que incorporan "de serie" las infraestructuras SOA, por ejemplo:

> ➢ *políticas de reintentos*, para garantizar la entrega sin depender del proveedor del servicio, ni de la disponibilidad de ninguno de los consumidores,

> ➢ *adaptadores tecnológicos*, que permitan conectarse con distintas tecnologías en la frontera de la infraestructura, para permitir que distintos sistemas, de tecnologías heterogéneas, e incluso cuando

éstas evolucionen, puedan conectarse a los servicios sin cambiar ni una coma de sus contratos,

➢ *configuración en caliente*, que permitan ajustar sus parámetros de funcionamiento sin necesidad de parar los servicios,

➢ *facilidades de caché*, para optimizar el rendimiento de los servicios en el uso de datos de cabecera, datos maestros de poca variabilidad, etc, etc.

2.3.6 Servicios sin estado

Los servicios minimizan el uso de recursos, evitando el mantenimiento de información de estado siempre que sea posible.

Los servicios SOA no deben guardar información alguna sobre datos de sesión, ni sobre eventos previos, ni sobre resultados de servicios invocados previamente. Es decir, los servicios no deben tener estado. Deben ofrecer el comportamiento que corresponda a la entrada recibida y sus especificaciones de diseño, simplemente.

En una arquitectura donde usemos el clásico patrón de petición-respuesta, existe el riesgo de saltarse este principio con relativa facilidad. Como mencionamos anteriormente, ese patrón introduce un cierto nivel de acoplamiento transaccional entre los sistemas participantes (el peticionario, y el que debe responder), y resultar difícil evitar que el servicio mantenga información sobre algún aspecto particular de estos sistemas (especialmente el que lo invoca).

Sin embargo, en una arquitectura conducida por eventos (EDA), este principio se cumple de forma mucho más natural e inmediata: los sistemas identificados en los procesos de negocio como proveedores de eventos, se limitan a disparar dichos eventos al ESB, y terminan su cometido. Y los sistemas identificados como interesados en conocer dicho evento, o ciertos eventos derivados de él en función de las reglas de negocio implicadas en el proceso, simplemente están suscritos en el

ESB a ciertos servicios, que se ejecutan como consecuencia de la orquestación del evento recibido. Estos consumidores se limitan a recibir la información a la que están suscritos, y nada más. No necesitan (ni deben) conocer quién disparó qué evento, ni cuándo, ni dónde.

Tanto la reutilización, como la autonomía, como la composición de servicios (que veremos en breve), son principios muy relacionados con éste. Si los servicios mantienen información de estado difícilmente podrán reutilizarse en distintos casos de uso, y difícilmente podrán participar como piezas autónomas en composiciones de servicios de orden mayor.

2.3.7 Descubrimiento de los Servicios

Los servicios se suministran con metadatos informativos, que permiten que sean descubiertos e interpretados.

Este principio SOA se refiere a la necesidad imprescindible de que nuestro Catálogo de Servicios esté disponible, publicado, accesible y adornado con una serie de metadatos, que permitan lanzar búsquedas ricas sobre el catálogo, para identificar la existencia de los servicios que podamos reutilizar.

Si no lo hiciéramos, nos arriesgaríamos a:

✗ bajo índice de reutilización de los servicios,

✗ duplicidad de soluciones para necesidades de negocio similares,

✗ degradación de la capacidad y calidad de mantenimiento, monitorización, explotación y Gobernanza,

✗ disminución del retorno de la inversión (Return On Investment, ROI).

Evidentemente, es necesario contar con alguna infraestructura tecnológica sobre la que publicar y dar acceso al Catálogo de Servicios a todos los grupos de interés. Desde repositorios documentales, hasta (o junto a) registros de servicios basados en servidores UDDI (Universal Description, Discovery and Integration)[6], pasando por sharepoints, websites más o menos elaboradas, etc.

Pero la clave está en la *Gobernanza*. De nada sirve tener un Catálogo de Servicios perfecto, documentado de forma excepcional, completísimo, y con capacidades de búsqueda inteligente, si luego no conseguimos que la Oficina de Gobernanza mantenga actualizado e informado dicho catálogo, o sin que los usuarios potenciales del catálogo (los distintos grupos de interés: responsables de los proyectos TIC, responsables funcionales, proveedores externos, responsables de Gestión de Cambios, etc, etc), asimilen la disciplina y la importancia que tiene usar dicho catálogo, para todos y cada uno de los proyectos en su fase de definición y análisis de requisitos. La metodología y las políticas de la organización, deben incluir esta pauta en sus flujos de trabajo, y validar que se siguen puntualmente.

---

[6] UDDI introduce ya un matiz tecnológico al Catálogo, al estar orientado a Web Services. Por lo tanto, podría ser parte de una infraestructura SOA que apostara por esa tecnología como preferente para la implementación de los servicios de negocio, pero no perdamos de vista que los servicios de negocio son agnósticos respecto a la tecnología, y por tanto debemos disponer siempre de sistemas de publicación y búsqueda independientes de estas cuestiones, para no depender de aspectos tecnológicos que podrían cambiar con el tiempo.

2.3.8 Composición de los Servicios

Los servicios participan de forma efectiva en servicios compuestos, independientemente del tamaño y complejidad de la composición.

Una vez tenemos servicios basados en el uso de estándares, abstractos, independientes de la tecnología, encapsulados y autónomos, debemos ser capaces de usarlos como piezas de servicios compuestos de orden superior. Así, obtendremos nuevos servicios igualmente basados en estándares, abstractos, independientes de la tecnología, encapsulados y autónomos, que a su vez podrían ser usados como piezas en servicios compuestos de una complejidad superior.

Esta escalabilidad resulta natural si los servicios más atómicos están bien diseñados, y si no se pierden los principios de diseño a lo largo del proceso de composición.

Piezas atómicas pero funcionales diseñadas para componer piezas de orden mayor que provean nuevas funcionalidades más complejas

Esta especie de jerarquía en el catálogo es difícil de lograr. En la práctica, los servicios suelen obtenerse o bien de arriba abajo (*top-down*), partiendo del análisis de un proceso de negocio, o bien de abajo arriba (*bottom-up*), partiendo de los sistemas de información existentes y abstrayendo servicios equivalentes, pero bajo los principios SOA, obteniendo habitualmente servicios muy atómicos.

Adicionalmente, lo más habitual es que haya cierta prisa por obtener un primer Catálogo de Servicios. Esto es más factible en el segundo caso (bottom-up), donde partimos de soluciones que ya están funcionando, pero resulta más complejo en el primer caso (top-down), donde normalmente no se realizan análisis suficientemente completos de los procesos de negocio.

Este análisis concienzudo, recursivo e iterativo de los procesos de negocio, sería el mejor camino para obtener distintos niveles de agregación de servicios de negocio bien diseñados desde el punto de vista de los principios SOA. Al no acometer este análisis en su totalidad, se obtienen servicios o bien muy abstractos, o bien muy atómicos, y con el tiempo el Catálogo puede incurrir en redundancias, dando respuesta a necesidades similares con servicios parecidos, que requerirán un esfuerzo de refactorización para depurar el diseño y ensamblar adecuadamente las piezas. Por eso es tan importante plantear objetivos a largo plazo, y fasear todo lo posible, evitando las prisas a toda costa.

2.4 Beneficios de SOA

¿Por qué no existe un principio SOA que establezca como principio de diseño que "los servicios deben ser interoperables"?. Pues sencillamente porque es evidente. Al fin y al cabo, la interoperabilidad está en la raíz de la problemática que SOA viene a resolver, es incluso un objetivo primario de la estrategia, por lo que establecerlo como un principio de diseño sería tan redundante e innecesario como decir que "el diseño de un automóvil debe permitir que se desplace de un punto a otro".

Además de la interoperabilidad, son varios los beneficios inherentes a la aplicación cíclica y metódica de los principios SOA en la estrategia TIC de una organización. El siguiente gráfico muestra algunos de los más importantes:

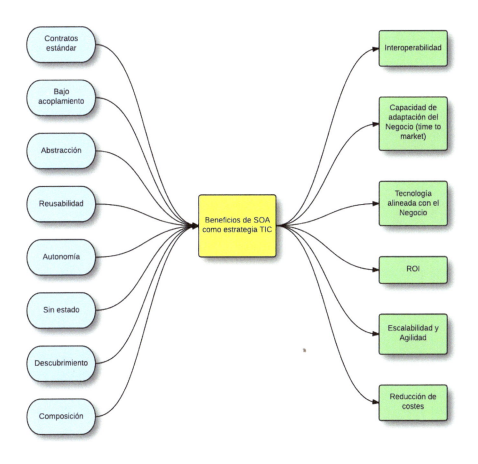

Beneficios de los principios SOA en la estrategia TIC empresarial

Podríamos entrar a comentar ahora cada uno de estos beneficios, pero para no resultar redundantes, vamos a dejar que el resto del libro los vaya sacando a flote de forma natural. Créame, es muy fácil resultar machacante al hablar de SOA... así que avancemos.

Las claves de SOA

En este capítulo, vamos a tratar algunos de los factores claves de éxito en la implantación de una estrategia SOA. No están todas las que son, pero sí son todas las que están. Hemos hecho una selección de las principales claves, que deben permitirnos aspirar a lograr los objetivos que se plantean cuando decidimos embarcarnos en este macroproyecto.

3 Las claves de SOA

Antes de continuar, no quisiera que se estuviera haciendo una idea equivocada sobre lo que es SOA. Acabamos de salir del capítulo donde tratamos de ofrecer una definición completa, que podría desarrollarse en mucho detalle, pero quisiera recalcar un matiz importante:

SOA no es nada nuevo.

Cuando se profundiza en los principios de la orientación a servicios, sus objetivos y sus planteamientos, aparecen cuestiones que resultan de sentido común, dando la sensación un tanto embarazosa de haber estado ciegos al no verlo antes. Además, SOA hereda bastantes características de anteriores paradigmas y etapas en la historia de la evolución de las TIC, especialmente la Orientación a Objetos (OO, que a su vez se levantó sobre la programación modular y estructurada, incorporando principios como la herencia, el polimorfismo, la encapsulación, reutilización, etc.), y otros como EAI (Enterprise Application Integration), etc.

SOA es un paso más en esa evolución, y en gran medida supone una recopilación de buenas prácticas y principios de anteriores avances, añadiendo algunos más de propia cosecha. Y a su vez, sienta las bases para próximos paradigmas, próximas capacidades que ya están irrumpiendo en la industria[7].

Existe un riesgo siempre que se entra a explicar lo que es la estrategia SOA, y se trata el espinoso y ambicioso asunto de implantarlo en una organización real. Tanta teoría, tanto principio de diseño que suena tan bien, es todo tan evidente,... promete tantos beneficios... pero, ¿esto es real?, ¿de verdad es posible?, ¿no suena bastante a algo utópico condenado casi siempre al fracaso "en el mundo real"?. ¿Por qué no estamos abrumados en los medios con casos de éxito de SOA en el mundo?.

Recuerdo que cuando la OO irrumpió en la industria de las TIC, en las universidades lanzábamos las campanas al vuelo previendo librerías enormes de clases, perfectamente jerarquizadas, reutilizables, resolviendo problemáticas comunes a infinitas situaciones y sectores. No creo que nadie sea capaz de negar la importancia que ha tenido la OO en la historia del desarrollo de software, y sin embargo tales librerías idealizadas quedaron más bien en pura teoría.

La OO cambió la forma de pensar y diseñar software. Del mismo modo, SOA está cambiando la forma de pensar y diseñar mapas de sistemas. Es otra escala, otra etapa, al menos tan importante como aquella.

---

[7] Business Intelligence, Analytics, Cloud computing, etc. La Orientación a Servicios permite no solo alcanzar mejores capacidades y paradigmas en la industria, sino que es un excelente enfoque para disciplinas tecnológicas en constante investigación y evolución, donde el intercambio de información precisa en tiempo real es clave.

La experiencia (y la edad) nos hace más pragmáticos, y nos pega los pies al suelo: no olvidemos que para que SOA tenga éxito, no es necesario pensar en su implantación total en el cien por cien de la organización. Es más, me atrevería a decir que tratar de hacerlo hasta ese extremo conduce al fracaso, especialmente en grandes organizaciones.

> **SOA requiere ir despacio**, *requiere mirar a largo plazo, y requiere humildad.*

No debemos ondear la bandera de SOA como "la solución a todo", sino como una cambio de enfoque, de estilo, un cambio estratégico que ayudará a minimizar muchos de los problemas existentes, en una parte de la organización. Y que, aplicado de forma constante e iterativa, extenderá **con el tiempo** bastantes de sus beneficios y mejoras al resto de la organización.

En cualquier caso, y dicho esto, existen una serie de aspectos que consideramos clave para tener éxito en los objetivos que propongamos en la implantación de SOA como estrategia TIC. En este capítulo vamos a destacar los que consideramos más importantes, y hablaremos brevemente sobre ellos.

3.1 La Gobernanza

Este término ha aparecido varias veces a lo largo de este libro, y seguramente lo habrá encontrado en muchos sitios al hablar sobre SOA (aunque no solo en este contexto).

El papel de las TIC en el éxito de una empresa u organismo público en la consecución de sus objetivos y constante competitividad, es absolutamente clave hoy en día. Para que aporten el mayor valor posible a esos objetivos, su implicación a nivel estratégico resulta un paso natural para una mejor gestión de los presupuestos, una mejor toma de decisiones, y una mejor definición de las soluciones a implementar.

La Gobernanza engloba todas estas decisiones estratégicas y operativas, que conducen a alinear las decisiones tecnológicas con los objetivos de negocio de la organización. Algunos ejemplos de estas decisiones pueden ser:

✔ identificar las necesidades que requieren atención,

✔ priorizar la alineación de las inversiones en TIC con los objetivos de negocio,

✔ advertir sobre aquellas cuestiones que puedan introducir problemas o retrasos, para revisarlas y reenfocarlas,

✔ identificar los proyectos con alcances sobredimensionados, con necesidades redundantes que ya cuentan con soluciones operativas, o próximas a estarlo,

✔ confeccionar una hoja de ruta que, revisada cíclicamente, sirva de guía estratégica para establecer y perseguir los hitos generales y parciales,

✔ seleccionar, entre las herramientas tecnológicas existentes, las más adecuadas para soportar la evolución hacia un mapa de sistemas con bajo acoplamiento, alta escalabilidad y eficiente en costes,

✔ definir, publicar y mantener las políticas a seguir por todos los grupos de interés,

✔ asegurar la publicación y correcto enfoque del Catálogo de Servicios,

✔ dar soporte a la coordinación de los proyectos TIC, para ayudar a que se sigan las directrices estratégicas,

✔ dirigir el análisis y modelado de los procesos de negocio, para asegurar el permanente alineamiento entre los proyectos y los objetivos de negocio,

✔ identificar nuevos servicios, nuevas composiciones, nuevas versiones de los existentes, o la obsolescencia de los que dejen de tener sentido, planificando su descatalogación y desuso programado,

✔ monitorizar la arquitectura desplegada, para soportar el mapa de sistemas interoperable, para priorizar actuaciones preventivas ante umbrales de riesgo, antes de que se materialicen en errores o en problemas de rendimiento.

Salta a la vista que *una Gobernanza fuerte es absolutamente fundamental para el éxito de la implantación de una estrategia SOA*. Muchos de los problemas o defectos que ocurren durante los intentos de desplegar SOA en una organización, tienen bastante que ver con una Gobernanza ausente, débil, o mal enfocada.

Hay dos cuestiones que considero críticas para aspirar a una Gobernanza fuerte:

1. Las TIC no pueden estar en segundo plano directivo en la organización. Tradicionalmente, y aún en la actualidad sucede a menudo, las TIC suelen estar en un nivel directivo de orden menor, es un departamento, una subdirección, etc. Las decisiones directivas se toman a un nivel superior, donde las TIC simplemente no están presentes. En el mundo en que vivimos, definitivamente tecnológico e interconectado, esto supone un lastre, y pone tremendamente complicado alcanzar un nivel de madurez suficiente en la Gobernanza. *Las TIC deben formar parte de los órganos de dirección de las organizaciones que quieran ser competitivas y eficientes en su funcionamiento, evolución y costes.* Lo realmente complejo en este aspecto tan crucial, es alcanzar la

conciliación de una nueva manera de hacer las cosas con la estructura directiva y organizativa previa en la organización. Además es un obstáculo que no depende de nada tecnológico, no hay nada que comprar, instalar o mejorar. Tiene más que ver con cuestiones como la diplomacia, el respeto a la estructura de la organización, y la paciencia y tacto necesarios en el despliegue de un cambio tan profundo[8].

2. Para las decisiones más operativas, como la gestión y mantenimiento del Catálogo de Servicios, el análisis y modelado de los procesos de negocio, el ciclo de vida de los servicios, la monitorización de la infraestructura, el soporte a los proyectos TIC, etc, *es necesario constituir un equipo experto en SOA*. Comúnmente este equipo suele llamarse *Centro de Excelencia* (Center Of Excellence, CoE), y es el engranaje entre las decisiones estratégicas y la operativa diaria.

El CoE funciona en ambos sentidos:

- ◆ desde la Gobernanza hacia los proyectos TIC, aplicando las decisiones estratégicas:

  - • actualizando y publicando las políticas,

  - • diseñando los contratos de los servicios,

  - • construyendo los servicios necesarios sobre la infraestructura SOA de la organización,

---

[8] De hecho, el primero de los principios rectores del Manifiesto SOA es: "Respetar la estructura social y de poder de la organización"

- • revisando y mejorando la configuración de las plataformas, etc, etc

- ◆ desde los proyectos TIC hacia la Gobernanza, manteniendo actualizada la información del estado de salud del mapa de sistemas y anticipando riesgos, para ayudar a tomar las mejores decisiones.

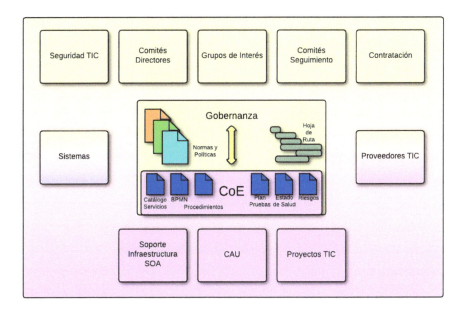

El CoE constituye el equipo operativo de la Gobernanza e interactúa con los distintos actores TIC en su ámbito de actuación

3.2 Las Políticas

Una de las primeras cuestiones que deben ser publicadas, y a las que más atención se debe prestar, es a la confección, publicación y mantenimiento de las Políticas. Nos referimos a los documentos de *normativa, recomendaciones, plantillas, metodologías, etc...,* que deben conocer y usar todos los equipos participantes en la puesta en marcha de una estrategia SOA, así como los grupos de interés y equipos implicados en los proyectos TIC, con algún requerimiento de interoperabilidad.

Una posible lista de las principales políticas a publicar, podría ser la siguiente[9]:

Política	Descripción
Normativa de Interoperabilidad	Se podría considerar algo así como el Libro Blanco de la estrategia en la organización. Recoge el marco estratégico bajo el que deben definirse y desarrollarse todos los proyectos TIC con requerimientos de interoperabilidad, e incluso los que *parezca* que no tienen este tipo de requisitos, porque

---

[9] La documentación de Gobernanza incluye, naturalmente, otros cuantos documentos más, pero bastantes de ellos serían para uso interno, orientados a equipos concretos (por ejemplo Sistemas, el propio CoE, etc), sin el carácter de Política pública de obligado conocimiento general en la organización.

	a menudo resulta que sí los tienen. Debe incluir también toda la normativa sobre patrones de uso obligatorio, recomendado y prohibido, y referencias al resto de normativas, dirigiendo de esta manera al usuario de esta política a recorrer las demás que le puedan interesar.
Seguridad	Se trata de las especificaciones en materia de seguridad en el intercambio de información en el mapa de sistemas, haciendo referencia a los protocolos y sistemas de autenticación y autorización, que deben cumplirse para que un sistema pueda enviar o recibir la mensajería estándar, a través de la infraestructura SOA desplegada por la organización. Normalmente debe establecer distintos requisitos, en documentos distintos, dirigidos a cada audiencia afectada: • normas de seguridad para sistemas internos, que vayan a usar los servicios dentro del mapa de sistemas de la organización, • normas de seguridad para sistemas externos, que vayan a hacer uso de

	servicios de la organización publicados al exterior.
Gestión de errores	Recoge la delicada gestión de los errores en un escenario SOA, especialmente bajo un enfoque EDA, donde la mensajería asíncrona es siempre de uso preferente. El precio a pagar por disponer de eventos en tiempo real, es una gestión más compleja de los errores, por lo que es importante tener debidamente recopilada y documentada una política clara y completa al respecto.
Uso del Catálogo de Servicios	Esta política debe contener la guía de uso del Catálogo, indicando la información que acompaña a cada versión de cada servicio, su estado, funcionalidad, disponibilidad, etc. Además, debe orientar sobre el ciclo de vida de lo servicios, y la forma en que debe usarse el Catálogo de Servicios durante la fase de definición y toma de requisitos de un proyecto, dentro de un mapa de sistemas orientado a servicios. Por ejemplo, el procedimiento para solicitar el uso de una determinada versión de un servicio, que debe tener el visto bueno del CoE. Normalmente, este uso está siempre soportado y acompañado por el CoE, quien en última instancia debe garantizar su adecuado uso, evitando que se usen

	servicios en escenarios donde no aplique, así como asegurando que se usa el servicio adecuado allá donde sea conveniente.
SLA (Service Level Agreement, o Acuerdo de Nivel de Servicio -ANS-)	El despliegue de una infraestructura SOA, junto con una estrategia homogénea de interoperabilidad basada en una Catálogo de Servicios estándar reutilizables, hace posible montar un sistema de monitorización eficiente. Esta capacidad la puede aprovechar la organización para mejorar su capacidad para medir, de manera uniforme, el nivel de servicio de sus proveedores TIC, mejorando de esta forma la gestión de sus inversiones y sus criterios de adjudicación. Una política de SLA incluiría los indicadores (tiempos de indisponibilidad, número de incidencias en producción por prioridad, número de incidencias por incumplimiento de los contratos de los servicios, etc), valores objetivo, umbrales de cumplimiento, y penalizaciones tipo asociadas, con independencia de las condiciones particulares que puedan incluirse en los contratos con dichos proveedores, acotando o añadiendo lo planteado en la política general.

3.3 Los Estándares

Si recuerda, el primero de los principios de diseño SOA se refiere al uso de estándares en el diseño de los Contratos de los Servicios. Queda claro, por tanto, la importancia que tiene el uso de estándares en una estrategia SOA.

Confieso que nunca me entusiasmó el uso de estándares, y supongo que las únicas excusas que puedo poner son la juventud y la inexperiencia. Aunque es posible que los estándares también hayan crecido y evolucionado, no solo yo. En cualquier caso, en SOA he encontrado el verdadero sentido y utilidad del uso de estándares, y no dudo en afirmar que es uno de los factores clave de éxito en su implantación. Al fin y al cabo, *permiten homogeneizar la semántica del negocio*: la información que intercambian los sistemas entre sí, no solo tiene que ser precisa y completa, sino que debe tener el mismo significado. Y esto se garantiza con el uso de estándares.

Las normas de interoperabilidad deben establecer, con claridad y precisión, cuál es ese estándar a utilizar para la definición y uso de la mensajería. También, es importante subrayar que si la organización decide adoptar una nueva versión del estándar, se debe garantizar la compatibilidad con la versión anteriormente usada (o versiones), ya que evidentemente la adopción de la nueva versión no podrá ser inmediata. Más bien al contrario, requerirá un tiempo considerable coordinar todos los evolutivos y nuevos desarrollos necesarios para pasar de una versión a la nueva completamente. Más aún: es posible que algunos sistemas no puedan actualizarse nunca a la nueva versión, por lo que ambas deberán poder convivir, sí o sí.

Pero *usar estándares* no es suficiente: hay que *usarlos bien*[10].

Para un determinado negocio, un estándar de mensajería es como una plantilla, que proporciona:

➤ Los elementos que deben usarse para componer los esquemas.

➤ Los esquemas tipo para los principales eventos de ese negocio, indicando la obligatoriedad o voluntariedad de cada nodo, así como el número de ocurrencias permitido según cada caso.

➤ Los tipos de datos (tipos complejos de datos) que participan en la semántica del negocio.

➤ La especificación *por defecto* de la información que debe viajar en cada nodo de cada mensaje tipo.

➤ Las tablas maestras que contienen el rango de valores *por defecto* de aquellos nodos que admitan varios valores posibles.

Como toda plantilla, el estándar debe servirnos como base y como guía, pero a continuación debemos especificar sobre esa guía nuestra propia semántica, allá donde la que propone el estándar no encaje perfectamente con nuestro negocio. Me gusta usar el ejemplo de la instanciación de clases de la OO, aunque sé que resulta un poco friki. El

---

[10] Principio rector número cuatro del Manifiesto SOA: "Los productos y estándares por sí solos no le darán una SOA, ni le aplicarán por usted el paradigma de orientación a servicios".

estándar funciona como una clase. Cuando quiero usarlo en mi negocio tengo que instanciar mis propias clases, que heredan lo especificado en el estándar. Y en mi instancia, debo añadir o cambiar los detalles que lo conviertan en mi propia implementación del estándar, según las necesidades que tengo en mi negocio concreto.

Pero la especificación de la semántica de nuestro negocio, sobre la base que propone el estándar, no es lo único que debemos hacer. Se debe realizar un importante esfuerzo para describir de forma *concreta y precisa* el contenido de nuestra implementación. Esto, que parece tan evidente y sencillo, no lo es tanto en absoluto, especialmente en organizaciones muy grandes, o donde participan muchos equipos (de la propia organización o de empresas proveedoras). El problema radica en que, a menudo, tendemos a pensar que quien nos lee o escucha está pensando lo mismo que nosotros, o está interpretando lo mismo que nosotros queremos decir.

Un típico ejemplo es el del identificador del usuario. Podemos encontrarnos diseñando un mensaje estándar para un servicio, donde existe un nodo para el id del usuario (supongamos que es el nodo 4.2.1). Si simplemente indicamos que en el nodo 4.2.1 debe informarse el id del usuario, podría parecer que está perfecto. Posiblemente el equipo del CoE le daría el visto bueno (habitualmente sería este mismo equipo el que estaría diseñando esa especificación), y los equipos que acudan al Contrato del Servicio podrían considerarlo una especificación clara. Sin embargo, en el momento de iniciar las pruebas sobre la infraestructura SOA para el intercambio real de la mensajería, muy probablemente se producirá un error en el sistema consumidor del servicio, al no reconocer el id de usuario que viaja en el nodo 4.2.1 del mensaje. ¿Por qué?: porque para el sistema proveedor del servicio, es decir, quien lo invoca para comunicar el evento asociado[11], puede estar usando como id del usuario una clave formada por su DNI, por ejemplo, mientras que el sistema consumidor puede estar usando como id del usuario su dirección de correo corporativo.

Ambos sistemas leyeron el Contrato del Servicio, y estuvieron de acuerdo en que la especificación era clara. Pero el CoE debería verificar en primer lugar qué entienden los posibles usuarios del servicio por "id del usuario", y al detectar diferencias, elevarlo a una decisión de Gobernanza. De forma corporativa, la organización debe determinar a qué corresponde ese concepto, para que se incluya la especificación en el Contrato del Servicio, evitando de esta manera errores semánticos como este[12].

La ambigüedad es el gran enemigo de la semántica, y una frecuente causa de errores en escenarios de interoperabilidad, por lo que debe ponerse mucha atención para evitarla cuando usemos el estándar.

---

[11] Más adelante veremos con detalle los roles de proveedor y consumidor de los servicios, cuando hablemos de EDA en el capítulo 4.

[12] El uso de *arquetipos* como parte de la solución a la semántica del negocio, permite especificar todo un diccionario de conceptos, que evitan esta posible ambigüedad en la especificación de la mensajería mediante la implementación del estándar.

3.4 El Catálogo de Servicios

Desde un punto de vista operativo, el Catálogo de Servicios representa el producto más tangible de una implementación SOA en una organización. Y aun siendo el más reconocible, y posiblemente el recurso más accedido de cuantos se publican en una estrategia SOA, no sirve prácticamente para nada si no tiene una Gobernanza seria detrás. Es necesaria toda su normativa, estándares, políticas, infraestructura, etc., tejiendo el decorado sobre el que debe orquestarse la mensajería estándar, entre los sistemas que participan en el Ecosistema de Información de la organización.

Se trata, como su propio nombre indica, de un catálogo, que recoge el conjunto de todos los servicios de negocio que la organización publica, para su uso por parte de todos los sistemas que tengan que resolver requerimientos de interoperabilidad. Estos servicios estarán desplegados y accesibles en la infraestructura SOA de la organización, y tendrán su propio ciclo de vida, que deberá ser gestionado normalmente por el CoE, o quien se designe desde la Gobernanza.

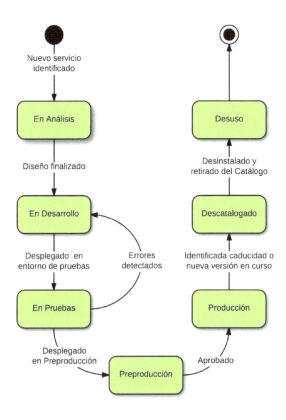

Ejemplo de estados de un Servicio durante su Ciclo de Vida

El Catálogo de Servicios SOA es una pieza fundamental, no solo porque supone la implementación concreta de los servicios y la mensajería corporativa de la organización, sino porque debe servir además para dinamizar la estrategia SOA, tanto desde la Gobernanza hacia los proyectos como al contrario, desde los proyectos hacia la Gobernanza.

Es decir, la gestión del Catálogo de Servicios desde la Gobernanza permite, entre otras cosas:

→ coordinar y controlar qué sistemas usan cada servicio del catálogo, y cuándo deben dejar de hacerlo,

→ coordinar los sistemas proveedores de los servicios, es decir, los que desde el punto de vista del negocio notifican los eventos relevantes para la organización en determinados procesos de negocio,

→ priorizar los servicios que necesiten aquellos proyectos que la organización considere estratégicamente clave,

→ priorizar los servicios que permitan resolver casos graves de acoplamiento e ineficiencia,

→ priorizar servicios con alta demanda en los requerimientos de interoperabilidad de las distintas áreas funcionales, fomentando de esta manera su reutilización, y reduciendo los plazos y costes necesarios para los proyectos relacionados.

A su vez, el Catálogo de Servicios SOA permite obtener información muy valiosa desde los proyectos TIC y el mapa de sistemas de la organización, como por ejemplo:

→ planificar la disponibilidad de los servicios que se incorporen al Catálogo, y que dependen de los desarrollos del sistema proveedor del servicio, y por tanto coordinar, priorizar y planificar los proyectos que necesitan consumirlo,

➔ identificar, mediante la monitorización del mapa de sistemas, las aplicaciones que ofrecen un peor índice de disponibilidad de sus conectores software, o una mayor tasa de errores, para priorizar las medidas correctoras necesarias,

➔ canalizar hacia la Gobernanza a los departamentos de la organización y sus sistemas de información que demanden el uso del Catálogo, para evaluar en el foro directivo adecuado la inclusión de dicho departamento en la hoja de ruta de la estrategia SOA,

➔ elevar información homogénea y objetiva sobre cumplimiento de los SLA de los proveedores TIC, responsables de los sistemas que usan los servicios del Catálogo, partiendo de que se hayan establecido los indicadores correspondientes,

➔ garantizar la incorporación homogénea y alineada con los objetivos de la organización de los nuevos equipos y/o sistemas de información, asegurando el uso adecuado del Catálogo.

Por otra parte, como ya adelantamos en apartados anteriores, la obtención del Catálogo de Servicios en una estrategia SOA suele lograrse aplicando algunos de estos dos enfoques, o bien una combinación de ambos (que es lo más habitual):

- **Top down** (de arriba abajo).

Consiste en partir de los procesos de negocio, su análisis y modelado, usando estándares de modelado como BPMN[13], explotando varios niveles jerárquicos de los procesos de más alto nivel, hasta encontrar un nivel de detalle adecuado donde se identifique un proceso o conjunto de procesos y reglas que, como un patrón, se repitan o sean susceptibles de repetirse en otros procesos de negocio, o en otros niveles. De esta forma, se identifican los servicios de negocio y se van diseñando conforme al estándar, para publicarlos en el Catálogo de Servicios a disposición de los grupos de interés.

Este enfoque es el más indicado para nuevos sistemas, y para nuevos requerimientos. Su inconveniente es que suele ser más costoso en recursos y en plazos, ya que se necesitan conocimientos en modelado de procesos de negocio, y requiere un tiempo importante para hacer un buen análisis.

- **Bottom up** (de abajo arriba).

Más inmediato que el anterior, y por tanto más asequible la mayoría de las veces, al no requerir grandes conocimientos de estándares de modelado de procesos, consiste en partir de las soluciones preexistentes en el mapa de sistemas para los casos de uso de integración actuales. Normalmente, se pone el foco en algún sistema que publica uno o varios servicios web de alta

---

[13] En el capítulo 5 hablaremos con más detenimiento de esta notación estándar.

demanda, o en algún procedimiento de réplica de información generada por cierto sistema cada cierto tiempo, y que es usada masivamente, aunque diferida en el tiempo (es decir, tarde). Identificado el caso, se realiza un proceso de abstracción usando el estándar de mensajería que indica la normativa, y se alcanza una especificación estándar en un Contrato de Servicio para ese caso en particular. Idealmente, se intenta además cambiar el patrón más usual de "petición-respuesta", habitual en los sistemas que publican servicios web, por el de "proveedor-consumidor" mediante listas de suscripción. Este cambio es más inmediato en el caso de réplicas de datos periódicas, donde un sistema genera la información (provee el evento), y otros la utilizan (consumen el evento, suscribiendose a él).

Este enfoque tiene la ventaja, como decíamos, de que no requiere más conocimientos que los del propio estándar de mensajería y las soluciones existentes en el mapa de sistemas previo. Su inconveniente es que carece normalmente de una visión global de los procesos de negocio, y por lo tanto, supone un despegue más lento de la estrategia, ya que se tarda más tiempo en identificar redundancias, y en alcanzar las sinergias buscadas entre los distintos sistemas de información y los procesos de negocio.

3.5 La infraestructura SOA

Uno de los detalles que acompañan al cambio de enfoque que implica la adopción de SOA como estrategia TIC, tiene que ver con el papel de la tecnología, y es uno de los que más cuesta asumir por parte de quien se acerca al nuevo enfoque.

En parte, porque no es fácil abstraerse de la tecnología en una disciplina cuya raíz y contenido más habitual gira entorno a la tecnología. Y en parte, los propios orígenes de SOA, y algunos de los conceptos y piezas que lo acompañan, dificultan este alejamiento de los aspectos tecnológicos al acercarse a SOA. Dos ejemplos:

- El propio concepto de servicio; la mayoría de profesionales TIC que se acercan a SOA, tienen la tentación, o directamente caen en ella, de añadir el apellido "web" detrás, asimilando el servicio como un servicio web. Como ya hemos dicho (y repetiremos cuantas veces haga falta), un servicio SOA es una especificación abstracta, estándar, encapsulada y reutilizable de una función más o menos compleja de un proceso de negocio, y no debe incluir ningún aspecto tecnológico en absoluto. Pero el uso extendido tras el cambio de siglo de los servicios web, precisamente para cuestiones de intercambio de información entre sistemas heterogéneos, no ha ayudado a desligar el concepto SOA de esta tecnología.

- El ESB (Enterprise Service Bus); pieza base de la infraestructura tecnológica en SOA, tiene un nombre que tampoco ayuda mucho a olvidar la tecnología. Aquí estamos rozando una contradicción curiosa: incluso al hablar de los ESB, podemos olvidarnos de cuestiones tecnológicas *concretas*, porque usar la solución ESB de uno u otro fabricante no debería afectar en nada a la implantación de la estrategia SOA (salvo para migrar los servicios de una plataforma a otra, si se da el caso, naturalmente). Por esto, aunque el ESB es la pieza más cercana a la tecnología al hablar de SOA, también podemos mantenernos independientes de la implementación tecnológica de los distintos proveedores. De hecho comprobará que no tenemos por qué nombrar a ninguna de las opciones que existen en el mercado para hablar del ESB y su papel en la estrategia SOA.

Pues bien, ¿por qué llamar "bus" a lo que no deja de ser una solución middleware, orientada a facilitar el despliegue, configuración y publicación de servicios de interoperabilidad?. Pues viene del concepto de bus informático tradicional: sistema digital que transfiere datos entre los componentes de un ordenador o entre varios ordenadores. En el gremio de las TIC, es frecuente recurrir a metáforas más o menos enrevesadas para acuñar nuevos términos (el origen de "bluetooth" es un gran ejemplo[14]), pero en este caso la propia evolución y madurez de SOA ha hecho que el término bus ya no sea el más apropiado... salvo para originales comentarios sobre medios de transporte públicos que inevitablemente alguien dice siempre... ojalá se hubiera llamado "plataforma de servicios empresariales" , por ejemplo.

---

[14] Puede leerlo aquí: http://es.wikipedia.org/wiki/Bluetooth

Pero quitando esta especie de lastre histórico en algunos de los términos que maneja SOA, en el apartado donde vamos a hablar sobre la capa más tecnológica de SOA quiero insistir, una vez más, en que *SOA es independiente de la tecnología*. Es la única forma de lograr que la tecnología se alinee con el negocio sin condicionarlo (y encarecerlo).

Dicho esto, entremos en materia. En el siguiente gráfico planteamos un esquema a modo de ejemplo de lo que podría constituir, de forma simplificada, una infraestructura SOA.

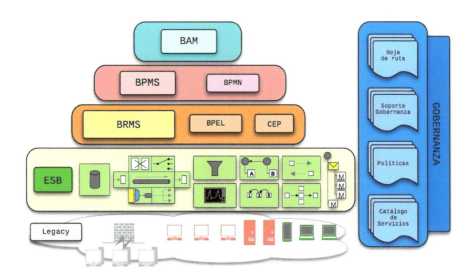

Esquema de un ejemplo de infraestructura SOA, simplificado

Vamos a comentar este gráfico brevemente, de abajo arriba.

Capa de *sistemas legacy*.

Sin llegar a pertenecer realmente a la infraestructura SOA, lo incluimos para tener una imagen más completa del escenario. Se trata del mapa de sistemas actual, sistemas heredados, o incluso sistemas externos que intercambian información con nuestra organización. Son los sistemas de información que utilizan los usuarios, así como bases de datos o servidores, sean del tipo que sean, y sea cual sea la tecnología y topología con la que están diseñados y desarrollados, o sobre la que están ejecutándose.

Todos estos sistemas deben conectarse a la infraestructura SOA para resolver sus necesidades de interoperabilidad. En ella, encontrarán desplegados los puntos de conexión e interfaces especificadas en los contratos de los servicios, para todo el Catálogo de Servicios publicado desde la Gobernanza. Estos conectores serán tanto de recepción como de entrega, es decir, podrán ser de entrada de mensajería estándar, cuando el sistema proveedor del evento correspondiente invoca el servicio, o de salida de mensajería estándar, en cuyo caso los sistemas consumidores del evento serán invocados por un componente del servicio en ejecución.

Capa ESB.

El ESB es el componente más tecnológico de la infraestructura SOA. Se trata de un conjunto de servidores, normalmente configurados en alta disponibilidad[15], sobre los que se ejecuta la solución middleware[16] seleccionada por la organización. Este software incluye una serie de características y facilidades, que permiten interconectar sistemas de información de tecnologías heterogéneas, para procesar, orquestar y persistir toda la mensajería que fluye entre ellos. En el esquema hemos reflejado gráficamente algunas de estas características:

- *Persistencia*. Todos los mensajes que recibe la plataforma son almacenados[17] para:
    - auditoría,
    - trazabilidad a nivel de negocio,
    - análisis de errores,
    - resolución de correlaciones,
    - reintentos de entrega, etc.

- *End-points de recepción*. Todos los servicios que incluyan en su diseño la recepción de mensajería, publican sus puntos de conexión, presentando las interfaces especificadas en el Contrato del Servicio correspondiente.

---

[15] La alta disponibilidad es un requisito de máxima continuidad operacional, que se espera y demanda de una determinada instalación hardware y software. Significa que no debe producirse ninguna circunstancia, salvo catástrofe o causa de fuerza mayor, en que un usuario o sistema remoto intente acceder a él sin éxito.

[16] Un middleware es un software que asiste a otro para comunicarse e interactuar con otros sistemas, redes, etc, encargándose de (y evitándoles) toda la complejidad relativa al establecimiento y uso de las conexiones y comunicaciones.

[17] Naturalmente es necesario establecer una política de backups y purgado de mensajes para evitar que las unidades de almacenamiento se llenen, lo que provocaría una caída (no disponibilidad) de la infraestructura.

- *Adaptadores tecnológicos.* Para permitir la conexión de la mayor variedad posible de tecnologías, estas plataformas incorporan una batería de adaptadores especializados en distintas tecnologías y bases de datos.

- *Transformación.* Uno de los procesamientos básicos de la mensajería recibida en el bus, consiste en transformar el mensaje recibido en otro mensaje, para entregarlo en los sistemas que lo necesitan.

- *Enrutamiento.* Otra de las características básicas en el procesamiento de los mensajes, consiste en la capacidad para enrutarlo hasta los sistemas destinatarios, bien de forma directa, bien de forma dinámica, en función de determinadas condiciones internas o externas al propio mensaje.

- *Listas de suscripción.* Especialmente útil en arquitecturas por eventos, donde el patrón "publicación-suscripción" se usa a menudo, permite la definición de listas de destinatarios para un mensaje en un servicio. Gracias a ello, la plataforma es capaz de entregar un mismo mensaje (evento) a todos los sistemas que se hayan suscrito a él.

- *End-points de salida.* En el extremo final del procesamiento del mensaje, la plataforma implementa el componente que permite entregar en el sistema destino el mensaje resultante, que corresponde a lo especificado para el mensaje de salida en el Contrato del Servicio correspondiente.

- *Filtro*. Esta funcionalidad se usa frecuentemente, y permite cribar los mensajes entrantes en función de una condición, que establece qué mensajes pasan el filtro durante la ejecución del servicio.

- *Correlación*. Esta característica permite identificar un mensaje anterior al que estamos procesando, relacionado con él por alguna regla de negocio, y que podemos necesitar recuperar para completar el procesamiento del mensaje actual.

- *Secuencialidad*. En la mayoría de los escenarios, garantizar la secuencia de los mensajes de entrada es esencial para mantener la integridad de la información, y el correcto funcionamiento del mapa de sistemas.

- *Composición de mensajes*. Además de transformar un mensaje de entrada en otro de salida, es frecuente encontrar servicios que deben generar nuevos mensajes, usando información adicional a la que se recibe en el mensaje de entrada.

- *Petición-respuesta*. Aunque es el patrón que menos ayuda a bajar el acoplamiento, casi siempre es inevitable mantener algún servicio de este tipo, síncrono entre extremos, por lo que el ESB incorpora componentes que facilitan su despliegue.

Capa BRMS.

La siguiente capa corresponde a las reglas de negocio: Business Rules Management System (BRMS). En esta capa se configuran y gestionan las reglas de negocio, que se han identificado durante el análisis de los procesos de negocio, o en el transcurso del diseño de los servicios. Para ello, se utiliza un lenguaje declarativo especializado llamado BPEL (Business Process Execution Language). Estas reglas de negocio, se usan por ejemplo para dirigir las orquestaciones de los servicios en el ESB. Esta capa permite añadir, configurar, modificar o eliminar las reglas que usan, sin tener que modificar, ni mucho menos rediseñar, los servicios de negocio publicados, ni la mensajería que transportan.

La idea es mantener un conjunto de reglas de negocio, que se gestiona en esta capa BRMS, y que sirven de motor para la ejecución de la lógica de negocio. Esta lógica es la que gobierna el flujo de mensajería, entre los sistemas que participan en los procesos de negocio.

A menudo, encontramos en esta capa un componente adicional extraordinariamente potente: CEP (Complex Event Processing, o procesamiento complejo de eventos). El uso de este módulo está indicado en arquitecturas EDA, como la que recomendamos como parte de una estrategia SOA, y permite alcanzar capacidades e información de valor añadido realmente interesantes, y naturalmente en tiempo real.

Volveremos a este punto en particular más adelante.

Capa BPMS.

Business Process Management System (BPMS) es un conjunto de sistemas que dan soporte a BPM (Business Process Management). BPM es una disciplina que reúne las técnicas, metodologías y estándares encaminados al análisis y mejora contínua de los procesos de negocio, en las organizaciones públicas y privadas. Además, es un complemento idóneo en una estrategia SOA, y de hecho le dedicamos el capítulo 5 de este libro.

En nuestro esquema de infraestructura SOA, la capa BPMS corresponde a los procesos de negocio, como es natural. Ofrece herramientas para el modelado de los procesos de negocio, usando el estándar BPMN (Business Process Modeling Notation), del cual hablaremos más adelante, así como la posibilidad de conocer en qué punto de ejecución se encuentran los procesos en vuelo, actuar sobre ellos cuando se requiera una actuación humana, etc.

Permite además, enlazar con la capa siguiente, dedicada a la monitorización del negocio.

Capa BAM.

Business Activity Monitoring (BAM) permite establecer una serie de indicadores (sensores) en los procesos de negocio que se están ejecutando, para obtener cuadros de mando de alto nivel, alimentados en tiempo real. Estos cuadros de mando, permiten tener una visión de negocio del estado actual de los sensores desplegados, una información que resultaría muy costosa de obtener por medio de los clásicos sistemas de explotación de la información, que además no la muestran en tiempo real.

Capa Gobernanza.

A lo largo de este libro hablamos a menudo de la Gobernanza, así que aquí simplemente indicaremos que en la infraestructura SOA, la Gobernanza requiere de un conjunto de herramientas, que permitan ejercer su rol directivo, normativo y operativo sobre la estrategia y proyectos TIC.

El uso de portales, gestores documentales, etc..., debe permitir mantener un sistema de publicación, búsqueda y consulta ágil de toda la documentación que acompaña esta capa:

→ la hoja de ruta estratégica,

→ los documentos internos como guías de diseño, metodologías, plantillas, seguridad, etc,

→ las políticas como normativas, procedimientos, etc,

→ el propio Catálogo de Servicios.

Además, es muy conveniente de cara a la expansión de la estrategia, y para facilitar la alineación con la misma por parte de todos los grupos de interés, dotar a esta capa con herramientas de participación y formativas (foros, wikis, tutoriales, blogs, etc.).

3.5.1 La topología

Nos queda comentar un aspecto más, sobre el que se deben tomar decisiones cuando se realiza una inversión en una infraestructura SOA: la topología. Para ello, asuntos como la extensión de la organización, su distribución territorial o su estructura interna, deben ser tenidos en cuenta. La topología que se escoja para la infraestructura SOA, resulta determinante para distintas variables que conviene analizar y anticipar para tomar la mejor decisión:

- Volumen de tráfico de mensajería esperado, distribuido por zonas geográficas y por áreas de negocio.

- Tolerancia a fallos para todo el mapa de sistemas, identificando los puntos clave del mapa de sistemas donde el impacto de un posible error puede ser mayor.

- Política de distribución de la información, relacionado con las decisiones sobre el despliegue de bases de datos maestras, réplicas de sólo lectura, etc, etc.

Veamos las topologías más frecuentes:

Infraestructura SOA centralizada

La primera opción es plantear una topología *centralizada*. En ella, una instancia de la infraestructura SOA recibe, procesa, orquesta y entrega toda la mensajería estándar de la organización. Esta opción tiene como ventaja evidente que resulta una inversión más económica. En este escenario, todos los sistemas se conectan a la instancia centralizada única, por lo que la tolerancia a fallos de todo el mapa de sistema es menor: cualquier problema que pueda ocurrir en la infraestructura, o las comunicaciones con la misma, podrían afectar potencialmente a todos los sistemas, puesto que todos se conectan a esa única instancia. Naturalmente, estas consecuencias dependen del problema que se presente. Podría ser resuelto automáticamente en un instante, con buenas políticas de reintentos en la entrega de la mensajería; podría afectar a un número pequeño de sistemas; pero, claramente, este sería su principal inconveniente.

Una consideración importante a tener en cuenta antes de elegir esta topología, es la que se refiere al volumen de tráfico que se espera en la mensajería de todos los sistemas que puedan usar esta única instancia SOA. Aunque casi todos los proveedores de este tipo de herramientas garantizan un volúmen del orden de millones de mensajes al día, hay que estudiar siempre los posibles picos que pueden darse en ciertos horarios y ciertos días, porque es en esos escenarios extremos donde debe garantizarse la disponibilidad de la infraestructura, y una respuesta adecuada.

Frente a esta opción, podemos decantarnos por una topología *distribuida*. Requerirá una mayor inversión inicial, ya que será necesario adquirir más licencias y hardware, pero a cambio tendremos mejor rendimiento en cada instancia, mayores umbrales de capacidad de procesamiento, y una mejor tolerancia a fallos en todo el mapa de sistemas. Esta topología puede ser indicada cuando la complejidad del negocio, la extensión geográfica de la organización, o el volumen de mensajería en ciertas áreas de negocio clave, sean especialmente altos.

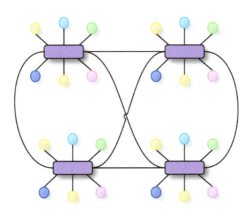

Infraestructura SOA distribuida federada

En una topología distribuida, podemos elegir también entre dos variantes:

- *Topología distribuida federada*, donde todas las instancias SOA tienen el mismo peso y rol dentro del mapa de sistemas.

- *Topología distribuida jerárquica*, donde una de las instancias SOA se distingue de las demás al tener, normalmente, un mayor dimensionamiento porque espera una mayor carga de procesamiento, y porque provee servicios especialmente clave para la organización. Las demás instancias son, habitualmente, consumidoras de algunos servicios de esta instancia principal. Esta opción puede servir también para desplegar mayor soporte a la Gobernanza en la instancia principal, y liberar a las instancias federadas de algunas de esas capacidades. Quedarían así dedicadas de forma específica a dar la mejor respuesta posible a las necesidades operativas en su ámbito de actuación.

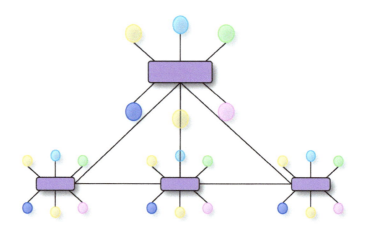

Infraestructura SOA distribuida jerárquica

EDA en la estrategia SOA

Cuando vimos la definición de SOA, recordará que hablábamos de los eventos de negocio. Vamos a dedicar este capítulo a profundizar un poco sobre este enfoque de diseño arquitectónico en integración de sistemas empresariales, que otorga a SOA unas capacidades óptimas y maximiza el valor añadido a la estrategia TIC de la organización.

4 EDA en la estrategia SOA

De una forma abstracta y genérica, los eventos nos rodean constantemente en el día a día, y suceden absolutamente a todos los niveles. Cada cosa que hacemos cada día, el funcionamiento de nuestras ciudades, de nuestras casas, de nuestros coches. El funcionamiento de todos los negocios y servicios públicos que funcionan a nuestro alrededor, de forma visible o no visible. Todo puede ser descrito como una secuencia más o menos compleja de eventos y reglas. El funcionamiento de nuestro cuerpo, sin ir más lejos, se basa en una complejísima e ininterrumpida sucesión y coordinación de eventos, y respuestas a tales eventos. Cada día recibimos infinidad de eventos desde multitud de orígenes, y muchos de ellos los procesamos y relacionamos consciente e inconscientemente, aunque de forma muy automatizada, para tomar nuestras decisiones más básicas, pero también las más complejas e importantes.

El funcionamiento de una empresa no es ajeno a este fenómeno universal. Todas las acciones que afectan al negocio son eventos con un interés potencial para la organización. Y la mayoría de estos eventos son procesados de manera simple, siguiendo un patrón elemental de causa-efecto, acción-reacción. Es posible que algunos eventos se procesen de forma más compleja, pero desde luego no se suele hacer en tiempo real, sino tras procesar grandes cantidades de información durante bastantes horas, quizás días, y bastante después de que tales eventos se produjeran realmente.

EDA es un enfoque de diseño de soluciones de integración, que se basa en la proactividad de la comunicación de eventos en el momento en que suceden, por parte del sistema responsable de registrarlos o generarlos. Los sistemas interesados en cada evento para su funcionamiento, se suscriben como consumidores de dicho evento, y lo reciben de forma pasiva, en tiempo real, con toda la información que lo acompaña.

Este enfoque supone un cambio de 180º respecto del tradicional enfoque reactivo, en que un sistema publica un conjunto de servicios web, para que sean invocados por los sistemas que necesitan conocer alguna información.

El enfoque EDA es mucho más eficiente por varios motivos, de los cuales destacaría tres: *no se pierde información*, la *información es correcta en todo el mapa*, y *no se penaliza la experiencia de usuario*. Lo vemos en más detalle:

➢ **No se pierde información**. Con EDA, los sistemas consumidores del evento reciben de forma desatendida toda la información que afecta a la entidad en cuestión (un cliente, un paciente, un paquete, etc.), o toda la que necesite su negocio. Por el contrario, en el enfoque tradicional, solo reciben la información que existe en el momento de la invocación activa del servicio web, por lo que los posibles cambios importantes ocurridos sobre esa entidad antes de ese momento, habrán pasado desapercibidos para el sistema consumidor.

> **La información es correcta en todo el mapa**. Con EDA, la información relevante para las entidades relacionadas se encuentra íntegra en todo el ecosistema, desde el punto de vista de la integridad referencial. Cuando la información cambia por acción de un evento, ésta se transmite en tiempo real a todos los sistemas interesados. De esta forma, no se muestra al usuario información desactualizada en ningún punto del mapa de sistemas. Si esto ocurriera, sería síntoma de que en ese sistema existe una necesidad de integración no resuelta, o resuelta de forma poco óptima. Para resolverlo, bastaría con seguir los siguientes pasos coordinados desde la Gobernanza (el CoE):

  o El equipo responsable del sistema, consulta el Catálogo de Servicios en busca del servicio que provee el evento en cuestión.

  o Consulta el Contrato del Servicio, en particular el detalle del mensaje y su interfaz de recepción.

  o Desarrolla un evolutivo para publicar esta interfaz de recepción, y procesar la información que viaja en el mensaje descrito.

  o Una vez aprobadas las pruebas pertinentes, despliega en producción una nueva versión del sistema. Ahora sus usuarios tienen disponible en tiempo real la información de la entidad afectada por dicho evento.

> **No se penaliza la experiencia de usuario**. Con EDA, la información está disponible cuando se necesita, sin tiempos de

espera adicionales. Al propagarse la información de cada evento en tiempo real, los usuarios de los sistemas consumidores no tienen que esperar (cruzando los dedos) a que la invocación al servicio web del sistema "propietario" responda. La información está ya en su sistema, porque se recibió de forma inmediata y desasistida en el momento en que ocurrió el evento, por lo que la experiencia de usuario no se ve afectada.

4.1 Servicios síncronos o asíncronos

Aunque son conceptos tradicionalmente usados en el campo de las telecomunicaciones, la sincronía y la asincronía se unen al nutrido grupo de términos que se toman prestados para usarlos en distintos niveles de abstracción, al hablar del diseño de software.

Aquí nos movemos en la capa de servicios de negocio, en el intercambio de información semánticamente interoperable entre dos o más sistemas de información, usando mensajería estándar. Además, se incorpora a escena un actor más: la infraestructura SOA.

Para no liarnos, conviene dejar claro ante todo un punto de partida básico: todo proceso de comunicación entre dos extremos es, necesariamente, síncrono. Requiere que ambos extremos estén operativos en ese instante, para que la comunicación se lleve a cabo[18].

Es importante mantener esto en mente cuando subimos a la capa de servicios de negocio, donde nos alejamos de la tecnología y, por tanto, nos independizamos del número de sistemas que participan en la comunicación física.

---

[18] Esta necesidad de disponibilidad de ambos extremos en el momento de la comunicación, depende del nivel en el que nos movamos, y la tecnología que usemos en la implementación de los servicios; se da, por ejemplo, cuando usamos servicios web como solución tecnológica para implementar los servicios de negocio; pero tengamos en cuenta que también podrían usarse otras tecnologías, como las colas de mensajes, que no imponen esta condición. Serían soluciones aún más desacopladas, que introducirían garantías adicionales a nivel de comunicación entre cada actor del servicio. Aun así, se mantendría la sincronía entre el sistema emisor y el gestor de la cola de mensajes, pero a otra escala, muy por debajo del negocio y la experiencia de usuario.

Al hablar de la sincronía o asincronía en los servicios de negocio, miramos la transacción completa entre los extremos inicial y final del proceso, obviando los actores mediadores intermedios, y el carácter síncrono que siempre tienen las comunicaciones a bajo nivel. Veámoslo gráficamente.

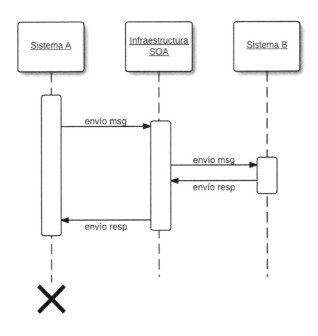

Servicio síncrono entre extremos, comunicaciones síncronas

En este diagrama de secuencia tenemos tres sistemas implicados:

- el sistema A es el que inicia el proceso,

- el sistema B es el que recibe el mensaje y responde,

- y en medio tenemos a la infraestructura SOA, que media en el proceso.

Este caso corresponde a un servicio síncrono entre extremos. Como vemos, el proceso que inicia el sistema A no acaba hasta que recibe la respuesta al final de todo el flujo, ya que, al ser síncrono entre extremos, la infraestructura SOA no puede responderle hasta que el sistema B envía su respuesta.

Este patrón de comunicación corresponde al clásico servicio de petición-respuesta. Evidentemente, para el sistema A los tiempos de proceso son largos. Normalmente, en una petición-respuesta solo participan dos sistemas en los extremos: el que envía el mensaje de solicitud o consulta, y el que lo recibe, procesa y responde.

En nuestro ejemplo, desde el punto de vista del negocio, el sistema que provee el servicio es el sistema B (proveedor del servicio). El sistema A es el que lo consume (consumidor del servicio), invocándolo en el punto de acceso que publica la infraetructura SOA. Si el sistema B no está disponible, o tarda más tiempo del configurado en el servicio, el sistema A puede recibir un error, o puede experimentar unos tiempos de respuesta bastante pobres.

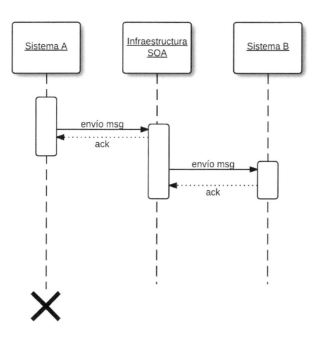

Servicio asíncrono entre extremos, comunicaciones síncronas

En este otro diagrama vemos el caso de un servicio asíncrono entre los extremos. La asincronía del servicio se basa en que el sistema A da por concluido su proceso en cuanto recibe la respuesta de la infraestructura

SOA confirmando la recepción del mensaje[19]. A partir de ahí, es responsabilidad de ésta el enviar el mensaje a su destino... o destinos, porque aquí la capacidad de expandir la información, procesarla de forma compleja, etc, es mucho mayor, al no tener al sistema A esperando.

Este patrón es el preferido típicamente en una arquitectura conducida por eventos (EDA), donde el sistema A envía un mensaje a la infraestructura SOA informando del evento que acaba de registrar, y confía en la infraestructura SOA, sus reglas de negocio y orquestación definidas en el Contrato del Servicio, todo el trabajo de procesar, transformar, correlacionar, y entregar el mensaje en todos los destinos interesados según las necesidades del negocio. Esta confianza se conoce como *garantía de entrega*, y es una característica básica exigible a cualquier solución middleware que se venda como infraestructura SOA.

En nuestro ejemplo, el proveedor del servicio de negocio es ahora el sistema A. El sistema B, y otros posibles sistemas suscritos a este servicio, serán los consumidores del servicio.

Este patrón, y por tanto EDA, permite además una mayor flexibilidad y variedad a la hora de definir políticas de reintentos en la entrega de los mensajes. En servicios síncronos, los únicos reintentos que caben tienen que ser pocos, y en una fracción de tiempo mínima, para no penalizar aún más el tiempo de espera de la transacción en el sistema origen. Si no se consigue la entrega en este tiempo, debe darse por fracasado el servicio. Sin embargo, en un escenario eminentemente

---

[19] En el diagrama observará un mensaje de respuesta "ack" ("acknowledgement", o acuse de recibo), que no tiene en este caso información de negocio. Tan solo tiene una función pura de información sobre una comunicación confirmada. Podría incluir información de errores inmediatos como errores en el esquema recibido, o similares.

asíncrono, se pueden definir políticas de reintentos adicionales con más intentos, durante más tiempo, periódicamente, hasta lograr la entrega en los destinos. Esta característica proporciona a todo el mapa de sistemas una mayor robustez y tolerancia a fallos locales, caídas aisladas de sistemas, o caídas temporales de las comunicaciones.

Otra ventaja del patrón asíncrono típico de EDA, frente al clásico patrón síncrono de petición-respuesta, es que, para un determinado evento sobre una entidad, el tráfico de red necesario para que toda la información esté en todos los sistemas interesados, es mucho menor. Esto se ve claramente con un sencillo ejemplo:

→ Supongamos que el sistema A es el responsable de registrar el evento E sobre una determinada entidad. Y que los sistemas que necesitan conocer la información asociada a dicho evento son los sistemas B, C y D.

→ En un enfoque clásico de petición-respuesta:

   ◆ el sistema A publica un servicio para que sea interrogado por los demás sistemas, pero no hace nada más cuando se produce el evento E sobre su entidad.

   ◆ Cuando el sistema B necesita la información relativa a la entidad, invoca el servicio publicado en A. Simplificando mucho, esto requiere que dos mensajes viajen entre ambos sistemas: la petición, y la respuesta.

   ◆ Cuando los sistemas C y D necesitan la información, hacen lo mismo que B. Tenemos en total **seis mensajes**

implicados, que además ocurren diferidos en el tiempo, y con tiempos de espera para los usuarios de B, C y D que resultan, como mínimo, poco óptimos.

➔ En un enfoque EDA de publicación-suscripción:

♦ El sistema A envía un mensaje en el momento en que el evento E ocurre sobre su entidad.

♦ Los sistemas B, C y D reciben cada uno un mensaje en tiempo real, sin que sus usuarios se vean afectados, dejando la información actualizada para ellos de forma anticipada.

♦ En total **cuatro mensajes** han sido suficientes, para un resultado mejor.

Dicho de otra forma: asumiendo solo el tráfico de los mensajes estándar entre los sistemas implicados, y un escenario con un sistema proveedor y N sistemas consumidores, en un enfoque clásico de petición-respuesta, el tráfico necesario es de **2*N mensajes**, con las desventajas adicionales ya comentadas. En un enfoque EDA de publicación-suscripción, el tráfico necesario es de **N+1 mensajes**, con las ventajas adicionales comentadas. En nuestro sencillo ejemplo, con N = 3, la diferencia entre ambos enfoques es solo de 2 mensajes. En un caso real, cuando N puede subir mucho su valor, el impacto es mucho mayor. En general, **ahorramos siempre N-1 mensajes**. Extrapole este hecho a un mapa de sistemas de alrededor de cien sistemas de información, donde la mayoría de ellos son potenciales proveedores de muchos eventos y consumidores de otros tantos al mismo tiempo, en distintos procesos de negocio. ¿Se hace una idea del ahorro de tráfico de mensajes que se alcanza?.

Con todo, como hemos comentado ya a lo largo del libro en varios momentos, es inevitable que ambos patrones convivan en el mapa de sistemas. Pero hay que tener muy claro los casos de uso donde el patrón de servicio de negocio síncrono es adecuado, y las ventajas e inconvenientes que aporta. Insistimos en que el patrón síncrono entre extremos, y su uso más frecuente de tipo petición-respuesta, introduce como mínimo tres riesgos importantes:

- *menor reducción del acoplamiento*, al mantener dependencia en tiempo de ejecución entre ambos sistemas,

- *falta de integridad en el ecosistema de información*, al compartir la información de las entidades solo a demanda, y no con cada evento que ocurre sobre ellas,

- y *peor experiencia de usuario*, al viajar la información cuando se solicita por el usuario, y no cuando se producen los eventos que la modifican.

4.2 Orquestación de eventos

La orquestación consiste en la lógica combinada de filtrado, transformación, enrutamiento inteligente, composición, descomposición de mensajes, listas de suscripción, correlación y secuencialidad, que otorgan a los servicios del catálogo toda su lógica de negocio.

La implementación de la orquestación suele estar repartida entre la capa ESB y la capa BRMS, usando BPEL y reglas de negocio (Business Rules), en combinación con los componentes que incorpora el ESB.

Supongamos, por ejemplo, que tenemos entre manos un servicio de pago telemático seguro:

1. cuando el cliente introduce sus datos bancarios, se debe evaluar en primer lugar los datos recibidos, para garantizar que corresponden a un medio de pago válido:

    a. para ello miramos el tipo de tarjeta,

    b. invocamos al servicio publicado por el proveedor de ese tipo de tarjeta: un servicio que permite validar los datos de la misma (número, titular, caducidad, número de validación de la tarjeta); este servicio puede devolvernos en su respuesta si existe un servicio adicional de seguridad por clave personal,

2. en este momento, se invoca a un servicio de validación de clave personal asociado a la tarjeta, por medio de la cual el cliente recibe una clave numérica en su móvil, y se muestra en su sesión el formulario asociado esperando la clave correspondiente,

3. el cliente introduce la clave recibida en su móvil confirmando así el pago, que es enviado como cargo a la tarjeta del cliente,

4. el servicio de pago telemático recibe confirmación de que el pago ha sido validado con éxito, y se emite la factura correspondiente al cliente, bien por mail, bien en su propio espacio de cliente del sitio web del vendedor.

Todo este flujo no se encuentra ni en el sitio web original, donde el cliente ha realizado su compra, ni en los servidores del proveedor del medio de pago, ni en los del banco, donde el cliente tiene su cuenta asociada. Se encuentra repartido entre todos ellos, y en la infraestructura que orquesta todo el proceso, resolviendo en una transacción compleja el servicio de negocio "pago telemático seguro". ¿Cuál es el evento que disparó este servicio?: el cliente confirmó que deseaba tramitar la compra en el sitio de comercio electrónico que estaba usando.

Podría haber sido un evento de tiempo, o un evento provocado colateralmente por otro, o una creación, modificación o baja del cliente, etc, etc. Podría incorporar lógica que filtrara alguna funcionalidad extra según algún valor, o cualquier regla que podamos imaginar. El ejemplo que hemos puesto, corresponde a un servicio de negocio síncrono (fíjese que la web comercial tuvo que esperar a que finalizara todo el proceso de pago, hasta dar por buena su transacción). Son las situaciones más frecuentes cuando hablamos de servicios directos al ciudadano, publicados habitualmente en sitios de comercio en internet, que requieren una respuesta transaccional síncrona.

Tener esta lógica de orquestación del negocio fuera de los sistemas, permite a la organización tener una **mayor autonomía y agilidad** a la hora de adaptar muchos de los parámetros que afectan a su negocio, sin tener que depender de costosos proyectos TIC, ni de proveedores externos, ni de plazos excesivos. Basta con configurar o actualizar las reglas de negocio y la lógica de orquestación en la capa BRMS y/o ESB.

4.3 El potencial de los eventos

Cuando hablábamos de la infraestructura SOA en el capítulo anterior, recordará que en la capa BRMS mencionábamos un módulo que aporta un valor añadido enorme a toda la estrategia. Se trata de CEP, o procesamiento complejo de eventos.

A muy grandes rasgos, CEP mantiene una serie de queries sobre el flujo de eventos que entran en la infraestructura SOA, y sus resultados son nuevos eventos complejos con información que, de otra manera, sería muy difícil de obtener o simplemente imposible. Habitualmente se definen ventanas de tiempo sobre las que lanzar las queries, para delimitar el alcance de las consultas en el flujo de eventos (también llamado nube de eventos), en función de los intereses del negocio, mejorando así su rendimiento, al tiempo que se ajusta mejor a las necesidades reales. El lenguaje usado es una ampliación de SQL llamado CQL (Continuous Query Language), que incluye nuevas construcciones para, entre otras cosas:

➢ especificar las ventanas de tiempo, que delimitan en el tiempo el flujo de eventos que entra en la consulta,

➢ especificar una enorme variedad de patrones, usando expresiones regulares[20], para identificar en el flujo de eventos la aparición de

---

[20] Una expresión regular es una secuencia de caracteres que especifica un patrón de búsqueda. Es un recurso informático muy usado, por ejemplo en sistemas operativos, para la búsqueda flexible y potente de patrones de texto en cadenas de caracteres.

tales patrones, que configuran la tendencia, el *comportamiento* de los eventos.

Con CEP se pueden identificar eventos complejos **en tiempo real,** como los siguientes ejemplos:

- ➤ El servicio de Urgencias de un hospital ha diagnosticado más de 10 casos de intoxicación alimenticia en una hora.

- ➤ Un cliente de una entidad bancaria, con saldo medio muy alto (marcado como buen cliente) y más de 15 años de antigüedad, ha realizado en 48 horas una serie de reintegros por importes superiores a la media.

- ➤ El número de visitas al portal de comercio electrónico de una empresa, está aumentando rápidamente en los últimos 15 minutos.

- ➤ No se ha recibido durante el día previsto el evento de "confirmación de entrega", en el envío de un paquete para el que se recibieron correctamente los demás eventos previos.

- ➤ En el área de Admisión de un hospital, no hay constancia de que la cama de un paciente que ha recibido el alta médica, haya quedado libre durante el día laborable siguiente al alta.

- ➤ Una empresa de telecomunicaciones móviles ha recibido el doble de solicitudes de portabilidad en las últimas 24 horas.

➢ El consumo eléctrico de varias viviendas de un mismo bloque de viviendas (punto de suministro) ha descendido drásticamente en el último mes, fuera de periodos vacacionales.

Como puede ver, las posibilidades que otorga CEP en una estrategia SOA con arquitectura EDA son enormes, y abre nuevas vías y capacidades a la organización para nuevos objetivos y para mejorar sus procesos de negocio significativamente.

BPM en la estrategia SOA

Tanto en la definición que ofrecíamos de SOA en el capítulo 2, como a lo largo de todo el libro, venimos hablando de los procesos de negocio, de su análisis y modelado. Además, el primero de los valores del Manifiesto SOA antepone el valor del negocio por encima de la estrategia técnica, y su décimo principio rector establece la verificación de que los servicios satisfacen los requerimientos y las metas del negocio. Claramente, para nosotros BPM tiene un rol muy destacado en la estrategia SOA: los procesos de negocio representan el funcionamiento real de la organización, así que invertir en su análisis y mejora es imprescindible. Con SOA, ese análisis y mejora alcanzan la mayor practicidad y eficiencia. Vamos a verlo.

5 BPM en la estrategia SOA

Los procesos de negocio son los flujos de trabajo que sustentan el funcionamiento de una organización. El análisis, modelado, y mejora contínua de estos flujos de trabajo son una prioridad cada vez mayor en todo el mundo, y es lo que se conoce como BPM.

En una estrategia SOA, BPM es un compañero excelente de viaje por varios aspectos, todos ellos importantísimos:

1. Permite recopilar, normalizar y catalogar todo el conocimiento del negocio que, habitualmente, se encuentra pobremente documentado y disperso entre distintos actores, incluidos proveedores externos a la propia organización.

2. Su análisis permite identificar necesidades de interoperabilidad y patrones de reglas y procesos que se repiten, dando pie a la creación de nuevos servicios de negocio a incluir en el Catálogo de Servicios. De esta forma se mejora la eficacia de los procesos de negocio afectados, y se reducen los costes de desarrollo y mantenimiento de los sistemas de información implicados.

3. Como componente de la infraestructura SOA, permite además mantener una monitorización de alto nivel sobre los procesos de negocio en ejecución, aportando una visión de negocio de gran valor que ayuda a tomar mejores y más rápidas decisiones estratégicas.

5.1 Modelado de Procesos de Negocio

El modelado de procesos de negocio consiste en el análisis, documentación y catalogación de los procesos de negocio de una organización, usando para ello una notación estándar llamada BPMN. Esta notación estándar, publicada por el Object Management Group (OMG), permite la confección de diagramas BPM de fácil comprensión en cualquier sector.

El análisis y modelado de procesos de negocio permite dos aproximaciones (normalmente ambas necesarias), para obtener los resultados deseados:

➢ **Modelado "As Is"**. Se centra en analizar los flujos de trabajo existentes, tal como están, y modelarlos con la notación estándar. El ejercicio de analizar los flujos de trabajo actuales y documentarlos mediante un estándar de modelado, arroja mucha luz para comprender en profundidad los procesos actuales y poder identificar puntos de mejora, necesidades de interoperabilidad, eventos, etc.

➢ **Modelado "To Be"**. Se centra en modelar los procesos de negocio que desea alcanzar la organización, y permiten visualizar en la misma notación estándar cómo queremos que queden los procesos, tras corregir y/o mejorar los puntos identificados en el análisis previo de los flujos de trabajo actuales.

Los modelados BPM no deben ser muy complejos. Se debe procurar modelar diferentes niveles de detalle, formando una jerarquía de diagramas BPM, a base de explotar los procesos principales en sus subprocesos, eventos y bifurcaciones, hasta llegar al nivel de detalle deseado. Esta forma estructurada y jerárquica de modelar los procesos de negocio, facilita además la identificación de patrones que se repiten en distintos procesos y niveles, optimizando de esta forma la identificación de posibles servicios de negocio que aporten homogeneidad y cohesión a todos los procesos.

Un claro ejemplo podría ser el subproceso de *consultar un informe.* Prácticamente en cualquier sector empresarial, público o privado, aparecerá a menudo en muchos procesos de negocio el evento que dispara una actividad para consultar un informe. Tras analizar los procesos de negocio, veríamos rápidamente que ese patrón se repite en distintos puntos y niveles jerárquicos de los procesos de negocio, donde participan distintos sistemas de información. Podríamos plantearnos, por tanto, la creación de un único servicio de negocio llamado "consulta de informe", que permita resolver de forma única y homogénea ese requerimiento, para todos los sistemas de información que lo necesiten[21].

En el modelado de este subproceso tendríamos un modelado "as is", mostrando los distintos puntos donde los actores de los procesos solicitan un informe, tal como lo tienen establecido de partida, y tendríamos también un modelado "to be", donde todos esos actores cambiarían su subproceso de consulta de informe particular, por el nuevo servicio único reutilizable.

---

[21] Normalmente, este tipo de decisiones conlleva otras decisiones de tipo arquitectónico en la estrategia TIC de la organización, como desplegar repositorios corporativos únicos para los recursos a homogeneizar en todo el negocio (cartas a clientes, informes, facturas, etc).

Recuerde: cuando aplicamos BPM en SOA, nuestro enfoque a la hora de analizar y modelar los procesos de negocio debe ser, además de recopilar el conocimiento del negocio y documentarlo, siguiendo la notación estándar y las buenas prácticas de modelado, **buscar y descubrir los servicios de negocio (como el caso de la consulta de informe)**: localizar patrones de eventos, actividades, y reglas, que se repiten en distintos procesos o niveles de procesos, y que por tanto, optimizarán el mapa de sistemas al publicarse en el Catálogo de Servicios como un único servicio de negocio encapsulado, abstracto, reutilizable y estándar.

En el siguiente apartado, usaremos un ejemplo de diagrama sencillo para ver, al mismo tiempo, la notación estándar que se utiliza y algunas pautas de modelado.

5.2 Estándar BPMN

La notación estándar para el modelado de procesos de negocio es BPMN, publicada por el organismo responsable de este estándar, OMG[22], autor también de otras importantes especificaciones en la industria como UML (Unified Modeling Language).

Existen multitud de blogs y sitios especializados, aparte de la propia web del OMG naturalmente, donde se explica de forma bastante completa cada componente de esta notación estándar. Nosotros aquí vamos a usar un diagrama de ejemplo para dar una breve descripción de lo más usual, desde nuestra experiencia.

---

[22] En el momento de escribir este libro, la última versión publicada es BPMN 2.0. Los diagramas que se muestran siguen por tanto esta versión de la notación.

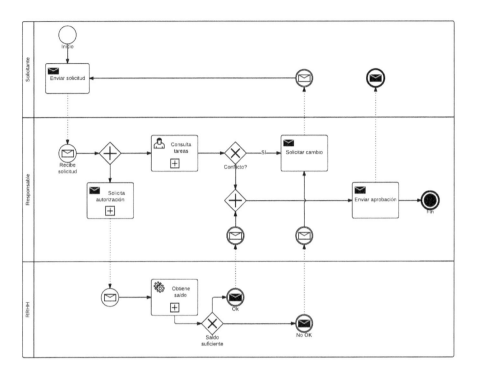

Diagrama BPMN de un proceso de solicitud de vacaciones

El diagrama de la figura corresponde a un posible modelado de un proceso de negocio de "solicitud de vacaciones", algo con lo que creo que todos estamos bastante familiarizados. Naturalmente, cada uno seguirá su propio proceso, pero a efectos de montar un ejemplo útil aquí, puede servirnos este.

Este diagrama recoge los principales componentes de un diagrama BPMN:

- **swimlanes**, para distinguir a los actores que participan en el proceso,

- **eventos**, para modelar los eventos que ocurren durante el proceso,

- **actividades**, para indicar las tareas y subprocesos que forman el flujo de trabajo,

- **puertas**, que controlan el flujo en el proceso,

- **flujos**, que indican la secuencia del flujo entre los distintos componentes.

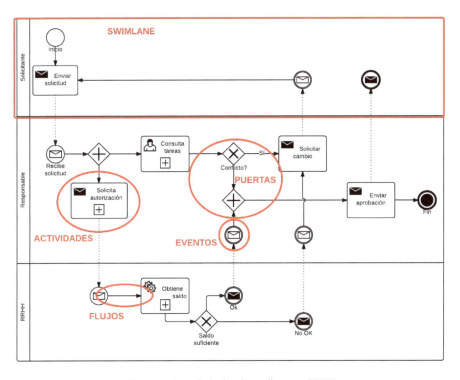

Componentes principales de un diagrama BPMN

Para leer un diagrama BPMN debe localizarse el evento de inicio, e imaginar que soltamos en ese punto una bolita, un *token*, que irá pasando por el flujo conforme indiquen los distintos artefactos usados en el modelado.

Antes de seguir, permítame subrayar esto: en el modelado de procesos de negocio es importante *olvidarse por completo de los sistemas de información*. Es un detalle tan importante como difícil, pero es necesario para que los modelados no se conviertan en simples diagramas de flujo tradicionales dibujados con notación BPMN... algo bastante confuso y dañino a la vista, créame (además de una pérdida de tiempo considerable).

Dicho esto, vamos a recorrer el diagrama del ejemplo. Empezamos listando a continuación los distintos componentes que hemos usado, junto con su descripción.

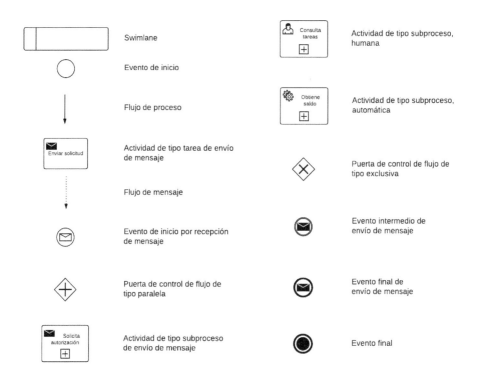

Componentes usados en el diagrama BPMN del ejemplo

Para modelar un diagrama BPMN, lo primero que se debe identificar son los *actores*. Se trata de todos aquellos agentes (humanos, departamentales o automáticos), que participan en el proceso de negocio. En nuestro ejemplo son tres actores:

→ Solicitante, es decir, quien solicita unas merecidísimas vacaciones.

→ Responsable, o sea, el jefe del solicitante que debe autorizarlas y planificarlas.

→ RRHH, el departamento de Recursos Humanos de la empresa para la que ambos trabajan.

Cada uno de los actores se sitúa en una swimlane (algunos sitios lo traducen como "calle", "carril", etc), donde se dispondrán los componentes del diagrama que caen en el lado de ese actor. En el estándar existe también el pool, referido al área que reúne todas las swimlanes de un proceso. Es posible también reunir en un mismo diagrama varios pools, uno por cada proceso, y estudiar la forma en que se relacionan entre sí.

Todo modelado de un proceso de negocio comienza con un *evento* de inicio. Lógicamente irá ubicado en el actor que inicia el proceso, en nuestro caso el solicitante. Existen eventos de *inicio* (representados con un círculo de trazo simple), *intermedios* (círculo de trazo doble) y *finales* (círculo de trazo grueso).

Inicio

Intermedio

Final

Tipos de evento

En el interior de cada evento se utilizan distintos iconos para especificar aún más el tipo de evento de que se trata. A menudo, como en nuestro caso, el evento de inicio es un evento vacío, pero podría haber sido de tiempo (modelando el hecho de que se alcanza una fecha u hora en que el proceso debe ser disparado), de mensaje (indicando que el proceso se inicia con la llegada de un mensaje), etc.

La primera *actividad* que compone nuestro flujo la efectúa el solicitante, y consiste en solicitar las vacaciones a su responsable. Lo hemos modelado como una actividad simple (*tarea*), de envío de mensaje (de ahí el icono del sobre en el ángulo superior izquierdo de la actividad). Si se tratara de una actividad más compleja, usaríamos un signo "+" en la parte inferior central de la actividad para indicar que se trata de una actividad de tipo "subproceso", que deberá tener su correspondiente diagrama BPMN que lo detalle. En el diagrama aparecen varias de estas actividades.

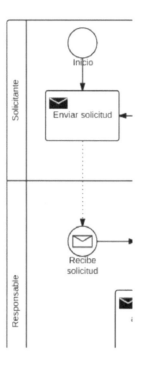

Detalle del ejemplo: inicio del proceso y flujo de mensaje

Observe que el flujo que cruza del actor "solicitante" al actor "responsable" es una línea de puntos. Esta es la notación para los *flujos de mensajes*. Se diferencian de los flujos normales en el tipo de trazo, y en que son los únicos que deben cruzar las swimlanes. Se usan para representar la comunicación entre los distintos actores (y distintos pools). Aquí, representa el envío de la solicitud de vacaciones por parte del solicitante hacia su responsable.

El *evento de recepción de mensaje* aparece representado en el actor "responsable" como un evento de inicio (puesto que para este actor el proceso comienza aquí), conteniendo el icono de un sobre blanco. Los eventos de mensaje distinguen entre la recepción de un mensaje (con un sobre de color blanco) y el envío de un mensaje (con un sobre de color negro).

Tras la recepción de la solicitud por parte del responsable, el proceso continúa con un control de flujo, una *puerta*, representada por un rombo (notación común para todas las puertas), que contiene un signo "+", indicando que se trata de una *puerta paralela*. Este tipo de puerta en particular tiene dos usos principles, en función de los flujos que la rodean:

➢ cuando tiene un flujo de entrada y varios de salida, se usa para indicar que el flujo se abre en más de un camino en paralelo, multiplicando el número de tokens que viajan por el proceso,

➢ cuando tiene varios flujos de entrada y un flujo de salida, indica que varios flujos paralelos se sincronizan en un punto del proceso, reuniendo los tokens en ejecución en uno solo para continuar por este flujo sincronizado.

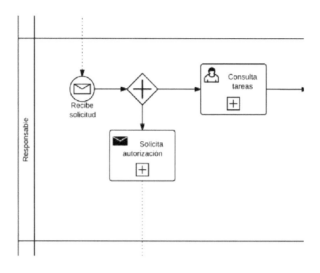

Detalle del ejemplo: puerta paralela y tipos de actividades subproceso

En nuestro caso, indica que el responsable emprende dos acciones tras recibir la solicitud de vacaciones del solicitante: por un lado, comprueba la planificación de tareas del empleado, para ver si existe algún hito o dependencia que haga poco recomendable que se ausente en esas fechas, y por otro lado, solicita al departamento de RRHH autorización por parte de la empresa para la solicitud que ha recibido.

Estas dos actividades las hemos modelado como subprocesos (observe el signo "más" en la parte inferior central en ambos casos). Lo correcto (y esperado) será que modelemos en sendos diagramas aparte el detalle de estos procesos. Además, fíjese que la actividad "consulta tareas" está modelada de tipo *usuario* con un icono de un pequeño busto. Este icono indica que dicha actividad será resuelta por un humano, apoyándose en alguna herramienta. Si fuera una actividad con intervención exclusivamente humana, se indicaría un icono de una mano en el ángulo superior izquierdo, que corresponde al tipo de actividad "manual". En cambio la actividad "solicita autorización" es una actividad de envío de mensaje (observe el sobre negro en el ángulo de la actividad, para indicar que se trata de un envío de mensaje).

Fíjese de nuevo que el *flujo de mensaje,* que cruza hasta el actor "RRHH", vuelve a usar su notación estándar con trazo punteado, y que desemboca en un *evento de inicio de recepción de mensaje*, como anteriormente sucedió con el actor "responsable".

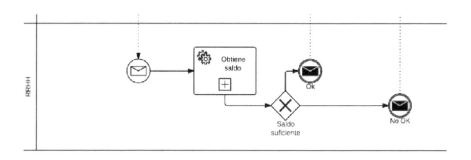

Detalle del ejemplo: actividad de tipo subproceso automático y puerta exclusiva

En este punto del proceso (no olvide que tenemos otro token en otro punto del proceso al que volveremos enseguida), llegamos a una actividad de *tipo subproceso automático*, indicando que se trata de una actividad compleja que se detallará en un diagrama aparte, y que se trata de una actividad resuelta por sistemas automáticos. Esta actividad la hemos llamado "obtiene saldo", y eso es justo lo que hace: obtener el saldo de vacaciones que tiene disponible el solicitante.

Nuestro token sigue a continuación hasta otra puerta de control de flujo, pero esta vez es de tipo *exclusiva*, representado con una X en el interior del rombo. Este tipo de puerta sirve para indicar que el flujo depende de una determinada condición. En nuestro caso, si el empleado tiene un saldo de vacaciones suficiente, el flujo seguirá hacia el evento "ok", y si no, irá hacia el evento "no ok". Estos dos eventos son iguales: *eventos intermedios* (trazo doble) *de envío de mensaje* (icono de sobre negro).

Vamos a retomar ahora nuestro segundo token en ejecución, aquel que se creó en la primera puerta paralela del actor "responsable" tras la recepción de la solicitud de vacaciones. Este segundo token tomó un flujo hacia la *actividad de tipo subproceso de usuario* "consulta tareas". Tras ella, seguimos hasta otra *puerta exclusiva,* que enviará nuestro token por uno u otro camino de salida, en función de que el responsable haya encontrado algún conflicto o no, entre la solicitud del empleado y su planificación de tareas.

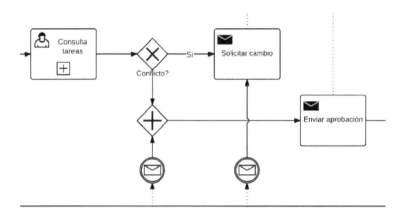

Detalle del ejemplo: sincronización de flujo "AND-join" (puerta paralela) y
"OR-join" (implícita sobre la actividad "solicitar cambio")

Observe ahora que si el responsable encontró algún conflicto con las tareas del solicitante, llegamos por el flujo etiquetado con "Sí" hasta una *actividad de tipo tarea de envío de mensaje*, llamada "solicitar cambio". Esta actividad envía un mensaje al solicitante para que replantee su consulta. La recepción de este mensaje por el solicitante, aparece modelada en su swimlane con un *evento intermedio de recepción de mensaje*. Observe de nuevo el uso de un *flujo de mensaje* que cruza desde el actor responsable. Tras esto, la ejecución del proceso regresa de nuevo hasta la actividad "enviar solicitud", para volver a empezar con una nueva solicitud.

En cambio, si el responsable no encontró conflicto alguno entre la solicitud recibida y las tareas del solicitante, el flujo (y nuestro segundo token) tomará el camino inferior hacia la segunda puerta paralela del actor "responsable". Recordará que cuando esta puerta recibe varios flujos lo que está modelando es la sincronización de los mismos, es decir, el flujo saldrá de esta puerta cuando todos sus flujos de entrada se completen. Este patrón se conoce como "AND-join". En este caso, estamos modelando que si concurren a la vez la autorización de RRHH y la viabilidad de fechas respecto de las tareas del solicitante, y solo en ese caso, el flujo podrá avanzar hasta la actividad "aprobar solicitud", que hemos modelado de nuevo como una *tarea de envío de mensaje*.

Si el departamento de RRHH no autoriza la solicitud, el responsable recibe el mensaje en el correspondiente *evento intermedio de recepción de mensaje*, que concurre también en la actividad "solicitar cambio".

Tan solo nos quedaría comentar un par de flujos que finalizan el proceso. Ambos salen de la actividad "enviar aprobación": uno es un *flujo de mensaje* hacia un *evento final de recepción de mensaje* en el actor "solicitante"; el otro es un flujo hacia el *evento final de cierre* del proceso.

Si observa detenidamente el último trozo de flujo que hemos comentado, es posible que le surja una duda: en una misma ejecución de todo este proceso, los dos tokens que llegan a estar en ejecución podrían alcanzar, por sus respectivos flujos, la actividad del responsable llamada "solicitar cambio". Efectivamente, puede darse el caso de que la solicitud de vacaciones sea tan desafortunada, que encuentre conflictos con la planificación de tareas del solicitante y además, exceda el saldo de vacaciones disponible registrado en el departamento de RRHH. En este caso, llegarían dos tokens a esta actividad, en distintos momentos del tiempo.

Este comportamiento responde a un patrón llamado "simple merge" o también "OR-join". Se puede representar como lo hemos hecho nosotros, de forma implícita sobre la actividad, o también con una puerta de control de flujo de tipo *inclusiva* antes de la actividad (representada con un círculo en su interior). Esta puerta sincronizaría ambos flujos pero de forma no exclusiva, como un "or" lógico: tanto si llega un token por el primer flujo, como si llega por el segundo, como si llega por ambos, cuandoquiera que lleguen, se continuaría adelante y se ejecutaría la actividad "solicitar cambio" (observe que la sincronización mediante la puerta paralela -signo "+"-, significa que el flujo continuará solo cuando todos los tokens entrantes alcancen la puerta, y ese patrón se llamaba "AND-join").

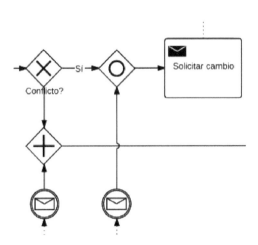

Detalle del ejemplo: notación alternativa (explícita) para la sincronización de flujo "OR-join"

Ambas representaciones son correctas, e indican que la actividad donde llega el flujo se ejecutará cuando reciba cualquiera de los posibles tokens en ejecución, sin tener que esperar a ningún otro, por lo que podría ejecutarse tantas veces como tokens puedan llegarle en una misma instancia del proceso de negocio. Es decir, tal como lo hemos modelado, el caso que planteábamos implicaría que nuestro solicitante recibirá dos veces una solicitud de cambio en sus vacaciones: una por tener conflicto en sus tareas, y otra por sobrepasar el saldo de vacaciones disponible.

Podríamos haberlo modelado de otras formas, más o menos complejas. Queda a criterio del profesional que analiza y modela el proceso. Lo único exigible es que siga el estándar de la notación, y que responda al proceso de negocio que está modelando.

Hay bastantes tipos más de artefactos en la notación BPMN, así como patrones de diseño. No es el propósito de *este* libro profundizar en ello en mayor detalle. Creemos que con este ejemplo puede tener una idea bastante aproximada sobre el modelado de procesos de negocio con la notación estándar BPMN, y los principales artefactos que se suelen usar.

Conclusiones

Llegados a este punto, espero que se haga una idea de hasta qué punto implantar una estrategia SOA en una organización es una tarea compleja, necesariamente de largo recorrido, y tremendamente rentable. En este capítulo final vamos a recopilar las principales conclusiones de todo lo expuesto hasta ahora.

6 Conclusiones

Como decíamos en la introducción de este libro, las TIC están cobrando ya tal protagonismo en los flujos de trabajo de las organizaciones, que deben estar presentes en la toma de decisiones estratégicas para orientarlas y garantizar su mejor uso, al servicio del negocio.

Comentábamos también que extender una estrategia SOA en una organización, conlleva asumir un importante cambio de enfoque en todos los grupos de interés implicados. Tradicionalmente, la integración de los sistemas de información se ha tratado como un problema fundamentalmente tecnológico, cuya solución se dejaba en manos de los técnicos de desarrollo, a menudo de empresas externas a la propia organización... lo que conducía irremediablemente a las arquitecturas de espagueti.

Hoy día, dar una respuesta óptima a las necesidades de interoperabilidad que surgen del flujo de información, a lo largo de todo el mapa de sistemas, es la clave para optimizar los procesos de negocio de las organizaciones. Y para ello, es necesario entender que todos los actores que intervienen en los procesos de negocio interactúan entre ellos, y es por tanto a esa escala a la que debemos aprender a movernos para analizar, identificar y optimizar los aspectos que permitan alcanzar los objetivos del negocio.

6.1 Rentabilidad

La principal y más inmediata pega que suele aparecer, ante la posibilidad de embarcarse en el macroproyecto que supone implantar una estrategia SOA, tiene que ver con su rentabilidad, y calcular su ROI parece extraordinariamente complejo (sin hacer enormes simplificaciones).

Una inversión inicial es necesaria, y efectivamente, no es pequeña. Implica, entre otros, los siguientes aspectos:

- Infraestructura SOA, donde cierto es que existen soluciones open source, cada vez más robustas y potentes, pero adolecen sobre el papel de la capacidad de soporte que ofrecen los fabricantes de pago; y éstos, normalmente, ofrecen una variedad de paquetes y configuraciones, pero no precisamente baratos.

- Conocimiento en SOA, en BPMN, en la tecnología elegida para la infraestructura... lo más habitual es tener que contratar una empresa experta en el área, que ofrezca un equipo suficientemente amplio y capacitado para que los resultados lleguen lo antes posible. Este equipo deberá permanecer un tiempo considerable, hasta completar una transferencia de conocimiento con garantías a la organización.

- Inversiones colaterales, que aunque no aparecen desde el minuto cero, lo hacen poco después, habitualmente a partir de algunas de las primeras directrices desde la Gobernanza, modernizando alguna infraestructura y software existente (comunicaciones, servidores, firewalls, sistemas operativos, etc, etc).

Para rematar, tenga en cuenta que los beneficios de SOA no aparecen inmediatamente (algo habitual en prácticamente cualquier inversión, por otra parte), así que ciertamente es para pensárselo…

Pero los beneficios con impacto económico directo e indirecto son contundentes:

Beneficio	Impacto directo	Impacto colateral
Reutilización de servicios	Disponer de soluciones autónomas probadas, que resuelven requerimientos que aparecen en varios puntos del mapa de sistemas, reduce directamente los costes de todos los proyectos TIC, tanto de desarrollo como el propio mantenimiento. Dependiendo del tipo de proyecto y las características de la organización, *esta reducción de costes puede estar entre el 40% y el 80%*	Tanto los costes como los plazos de los proyectos se reducen, lo que permite acometer *más proyectos con el presupuesto disponible* y por tanto alcanzar *más objetivos de negocio en menor plazo.*

	aproximadamente, en cada proyecto.	
Integridad de la información en todo el mapa de sistemas	Los Cuadros de Mando y la Explotación de la información utiliza *datos homogéneos, coherentes y reales, actualizados en tiempo real* desde los eventos.	La organización puede *tomar mejores y más acertadas decisiones estratégicas* en su negocio, identificando con mejor precisión y rapidez las áreas donde debe actuar (ventas, atención al cliente, marketing, producción, fraude, etc, etc).
Capacidades mejoradas para Analytics, BI, etc.	Con la misma inversión, es posible acometer proyectos para exprimir el potencial del flujo de eventos que circulan por la infraestructura, para obtener una inteligencia de negocio que ayude a identificar comportamientos complejos, que permitan *anticiparse en las decisiones y ofrecer mejores servicios.*	Mayor *competitividad* en el sector.
Mejora contínua de los procesos de negocio	El análisis, normalización, modelado y catalogación de los procesos de negocio,	*Reducción de riesgos*: tener este conocimiento disperso e indocumentado es un riesgo que se reduce

	permiten identificar importantes *mejoras en los flujos de trabajo existentes*, y servirse de la infraestructura desplegada para optimizarlos y monitorizarlos.	drásticamente.
Agilidad y escalabilidad	La interoperabilidad que proporciona la estrategia SOA, permite enfrentar con más capacidad de respuesta cualquier necesidad de integración interna o externa, *en menos plazo y con menor coste* (cambios legislativos, acuerdos con otras organizaciones, etc, etc).	*Reducción del riesgo* de incumplimiento de requisitos externos y objetivos internos.
Autonomía en la Gestión de Cambios	Con soluciones heterogéneas dispersas por el mapa de sistemas, implementar un cambio funcional estratégico puede suponer muchos proyectos, con el coste que conlleva, y unos plazos muy largos. Bajo la estrategia SOA,	*Rapidez de adaptación* a las necesidades del negocio, y *reducción de costes en proyectos TIC*.

	estos cambios suponen a menudo modificar reglas de negocio en la infraestructura, o nuevas versiones de los servicios publicados, con *impacto mínimo o nulo en los sistemas* que los usan, y con capacidad para gestionarlos y coordinarlos de forma independiente.	

6.2 Primero el negocio, después la tecnología

Otra de las principales conclusiones que quisiera destacar de todo lo relativo a SOA como estrategia TIC, viene a subrayar el subtítulo de este libro: "la tecnología al servicio del negocio". El propio Manifiesto SOA lo establece muy claro entre sus principios, de los que vamos a destacar aquí tres que creemos que dibujan claramente la idea que queremos destacar:

✔ **El Valor del Negocio,** por encima de la estrategia técnica.

Recuerde: frente a la tendencia tradicional de pensar en tecnología al hablar de las TIC en la organización, SOA promueve un cambio de enfoque tan radical como lógico: para que las TIC sirvan de verdad a las necesidades de la organización, primero debe fijarse en el negocio, analizarlo y comprenderlo. Después, decidir qué estrategia técnica es la que mejor responde a las necesidades. Y en último lugar, seleccionar qué tecnología es la más indicada para implementar la solución diseñada.

✔ **Las Metas Estratégicas,** por encima de los beneficios específicos de los proyectos.

De nuevo, incide sobre otra faceta del cambio de enfoque necesario en SOA: los proyectos TIC tradicionalmente se enfocan desde nichos funcionales, islas del negocio, buscando dar respuesta a necesidades específicas de esa área y su grupo de responsables y usuarios. SOA eleva la vista hacia las metas estratégicas, y supedita a dichas metas los proyectos, su alcance, su definición y sus objetivos.

✔ **La Interoperabilidad Intrínseca,** por encima de la integración personalizada.

Muy relacionado con lo anterior, resaltando otro aspecto del cambio de enfoque SOA: tradicionalmente los requerimientos de integración han tenido respuestas personalizadas, a medida. SOA busca alcanzar la interoperabilidad como capacidad global de la organización, como una característica "de fábrica" de su mapa de sistemas, con una estrategia homogénea que aporte la solución común a todas las necesidades de integración que surjan.

6.3 Gobernanza fuerte o Gobernanza débil, he ahí la cuestión

No nos cansamos de subrayar el papel absolutamente fundamental que tiene la Gobernanza en una estrategia SOA. En general, el gobierno de las TIC en una organización es una necesidad evidente, como en cualquier departamento en su estructura interna. Pero la necesidad de fusionar definitivamente y de manera óptima negocio y tecnología, requiere que esa Gobernanza tenga un papel directivo, decisorio, y que tenga fuerza dentro de la organización.

La implantación de una estrategia SOA es un camino difícil y de largo recorrido, y en su trayecto se producen numerosos imprevistos, se deben tomar decisiones constantemente, y no es raro cometer errores. Pero la consecuencia de una Gobernanza inexistente o débil es radical: SOA no resulta viable.

Otro de los principios rectores que el Manifiesto SOA publica en su texto es: "Respetar la estructura social y de poder de la organización". Es irreal (e ingenuo) pensar que es posible llegar a los comités directivos de la organización y sentarse en la toma de decisiones porque sí, de un día para otro. La idea puede ser tentadora: "eh, somos los expertos en SOA, la nueva estrategia TIC, así que escúcheme o esto será un desastre".

> *Una de las capacidades más necesarias y que más frecuentemente deberemos aplicar en el día a día es la diplomacia. Saber negociar, saber ceder hoy para ganar mañana, saber escuchar, saber esperar… **estar más dispuesto a fasear y a aplazar, que a exigir e imponer**.*

Esto es imprescindible para que una estrategia SOA tenga posibilidades de éxito y continuidad. No debemos olvidar el profundo cambio de enfoque que debe producirse en muchos de los grupos de interés, y esto no sucede nunca "porque sí", y depende además de las personas, más que de las organizaciones.

6.4 EDA: integridad de la información en tiempo real

Cuando en mis primeros años de carrera profesional me encargaba de diseñar, desarrollar y mantener procesos batch nocturnos en algunas empresas, me di cuenta de que aquellos procesos, tan poco agradecidos en la estética visual que tenían las aplicaciones operacionales que manejaban los usuarios, y tan desconocidos para la inmensa mayoría de ellos, eran los que aportaban verdadero valor económico a la organización para la que todos trabajaban. Esos procesos eran los que obtenían el beneficio de las nuevas contrataciones, los nuevos clientes. Eran los que obtenían los datos necesarios para las campañas comerciales, para los cuadros de mando. Eran los que movían los ingresos y gastos, efectuaban los pagos y cobros, los cierres mensuales...

Si una aplicación fallaba en algún punto, algunos usuarios dejaban de poder hacer alguna función durante un tiempo. Si esos procesos nocturnos fallaban, el problema se traducía en millones de euros, o en multitud de oficinas inoperativas a primera hora, afectando a la mayoría de usuarios y clientes.

Pero toda aquella información fluía de forma diferida en el tiempo. En el mejor de los casos, horas después de que ocurrieran los eventos del negocio en el mundo real. Muchas veces, días enteros, semanas o meses.

SOA y EDA trabajan juntos permitiendo que la información fluya en tiempo real, cuando ocurren los eventos. La consecuencia inmediata es que la información está disponible y actualizada en todo el mapa de sistemas, allá donde se necesita, cuando se necesita. Sin esperas, sin demoras. La competitividad que esto aporta a la organización y la calidad de la información que manejan los usuarios de todos los niveles es sencillamente óptima.

6.5 BPM: la orientación a procesos a través de SOA

Aquellas enormes y complejas cadenas de procesos batch que planificaba y monitorizaba en aquellos años, eran en realidad un intento de automatizar muchas de las actividades y tareas que formaban los procesos de negocio de la organización.

Hoy día, los procesos de negocio han adquirido mucho más protagonismo, y contamos con una notación estándar para modelarlos: BPMN. Usar BPM en una estrategia SOA permite optimizar dichos procesos, y alinear los flujos de información que se disparan en tiempo real bajo un enfoque EDA, coordinando de manera óptima los procesos de negocio con los sistemas de información en los que se apoyan, con los servicios de negocio reutilizables, las reglas de negocio y las tareas de usuario.

En definitiva, permite dirigir la evolución de la organización hacia la orientación a procesos, un estado de madurez avanzado en TIC.

6.6 Ecosistemas de Información

Entender y asimilar el cambio de escala y enfoque que supone SOA como estrategia TIC, nos conduce al concepto de *Ecosistema de Información*[23]. El tradicional concepto de Sistema de Información (SI) queda a menor escala, a nivel de aplicación. En un Ecosistema de Información los SI dejan de ser los protagonistas, y pasan a ser un actor más dentro del conjunto de procesos de negocio, que componen los flujos de información en la organización. Este flujo es lo que aporta verdadero valor a la información para la organización. **En un Ecosistema de Información, las necesidades funcionales están subordinadas a las necesidades del negocio.**

SOA como estrategia TIC encaja como un guante en el concepto de Ecosistema de Información. La combinación de BPM, EDA, los principios SOA, la Gobernanza, etc, permite poner por fin la tecnología al servicio del negocio. Si usted opina que ya lo estaba, quizá esté pasando por alto la cantidad de proyectos que no pueden acometerse en muchas organizaciones, o se acometen tarde y con plazos increíblemente largos, o repitiendo esfuerzos, en buena parte por la ausencia de muchos de los principios, políticas y enfoques que SOA aporta a la estrategia TIC empresarial.

---

[23] En las TIC, estamos un poco más habituados al concepto ecosistema cuando nos referimos a las familias de dispositivos de un determinado fabricante que éste diseña y promueve para que trabajen juntos ofreciendo mejores y más completas experiencias al usuario. Aquí, para no perder la costumbre, nos movemos en un plano más abstracto e intangible: el de la información.

Entender y asimilar los principios y ventajas que aporta SOA, implica elevarse por encima de los aspectos tecnológicos, que aunque siempre son necesarios, no son lo primero a resolver. Permite alcanzar una visión de todo el conjunto de actores que participan, y las decisiones que deben tomarse para mejorar realmente los procesos de la organización, y no solo ciertos SI. Se alcanza así una visión de la organización como Ecosistema de Información, donde los clientes, los proveedores, los usuarios, los responsables funcionales, las distintas áreas funcionales, las empresas tecnológicas proveedoras, los jefes de proyecto, el área de sistemas, gestión de cambios, mantenimiento, el centro de atención al usuario, etc, etc... todos participan de forma conjunta, directa o indirectamente, en el funcionamiento de los procesos de la organización. Cada uno de los grupos de interés en las TIC deben compartir y asimilar el cambio de enfoque, y aportar los cambios necesarios de acuerdo a las directrices que emanan de la Gobernanza.

En los últimos años, el concepto de Ecosistema de Información asociado a SOA está calando en la industria, y varios organismos de estandarización manejan este enfoque en sus comités de trabajo. Por ejemplo OASIS (Organization for the Advancement of Structured Information Standards)[24] ha publicado el Modelo de Referencia para SOA y la Arquitectura de Referencia para SOA, donde desde el primer momento se presenta el concepto de Ecosistema de Información, y lo contraponen al concepto de SI: mientras que los SI responden a necesidades concretas y ofrecen las capacidades para cubrir ese conjunto concreto de necesidades, en un ecosistema SOA las personas, los procesos y las máquinas actúan juntas de manera coordinada *para proveer tales capacidades a toda la organización en forma de servicios.*

---

[24] OASIS es autor de otros importantes estándares, como UDDI, BPEL, etc.

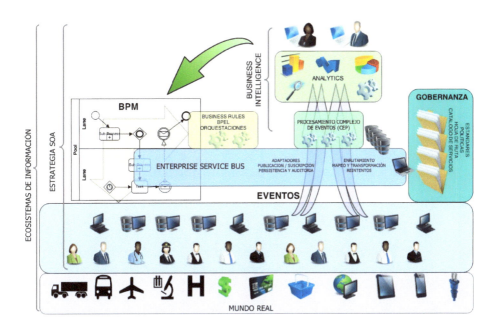

La estrategia SOA permite diseñar Ecosistemas de Información en el mundo real, y optimizar su eficacia y eficiencia

7 Lista de Acrónimos

Acrónimo	Descripción
ANS	Acuerdo de Nivel de Servicio
BPM	Business Process Management
BPMN	Business Process Modeling Notation
BPMS	Business Process Management System
BRMS	Business Rules Management System
CEP	Complex Event Processing
CoE	Center of Excellence
CQL	Continuous Query Language
EAI	Enterprise Application Integration
EDA	Event Driven Architecture
ESB	Enterprise Service Bus
OASIS	Organization for the Advancement of Structured Information Standards
OMG	Object Management Group
OO	Orientación a Objetos
ROI	Return On Investment

SI	Sistema de Información
SLA	Service Level Agreement
SOA	Service Oriented Architecture
TIC	Tecnologías de la Información y las Comunicaciones
UDDI	Universal Description, Discovery and Integration
UML	Unified Modeling Language
XML	eXtensible Markup Language
XSLT	eXtensible Stylesheet Language Transformations

8 Bibliografía

- Davies, J., Krishna, A., & Schorow, D. (2008). *The definitive guide to SOA: Oracle Service Bus*. Berkeley, CA: Apress.

- Davis, J., & Fuas, S. T. (2009). *SOA: Open source*. Madrid: Anaya multimedia.

- SOA Blueprint (Strategic Use of IT) . (n.d.). de http://www.soablueprint.com/practitioners_guide

- Weilkiens, T., Weiss, C., & Grass, A. R. (2011). *OCEB certification guide: Business process management, fundamental level*. Waltham, MA: Morgan Kaufmann.

- ZapThink. *SOA Implementation Roadmap 3.0* | ZapThink. (n.d.). de http://www.zapthink.com/2008/09/15/zapthink-soa-implementation-roadmap-30/

- Arnon Rotem-Gal-Oz. *What is SOA anyway?* de http://www.rgoarchitects.com/Files/SOADefined.pdf

- Sonic Software Corporation, AmberPoint Inc., BearingPoint Inc., Systinet Corporation. *A new Service Oriented Architecture (SOA) Maturity Model*. 2005.

- Brenda M. Michelson. *Event Driven Architecture Overview*. 2006. De http://www.omg.org/soa/Uploaded%20Docs/EDA/bda2-2-06cc.pdf

- OMG. *The OMG and Service Oriented Architecture*. De http://www.omg.org/attachments/pdf/OMG-and-the-SOA.pdf

- Paolo Malinverno, Yefim V. Natis, Massimo Pezzini, Timothy Weaver. *The 13 Most Common SOA Mistakes and How to Avoid Them*. Gartner Research. 2009.

- OASIS Open. *Reference Model for Service Oriented Architecture 1.0*. OASIS Standard, 12 de Octubre de 2006.

- OASIS Open. *Reference Architecture Foundation for Service Oriented Architecture Version 1.0*. OASIS Service Oriented Architecture Reference Model TC. Committee Specification 01. 4 de Diciembre de 2012.

- Arcitura Education Inc. *Service Orientation Design Principles. Service Orientation*. De http://serviceorientation.com/serviceorientation/index

- Manuel Jesús Morales Lara. *SOA, La Estrategia Más Rentable*. De http://estrategiasoa.wordpress.com

- Thomas Erl et al. *SOA Manifesto*. De http://www.soa-manifesto.org/default.html

www.ingramcontent.com/pod-product-compliance
Lightning Source LLC
Chambersburg PA
CBHW041141050326
40689CB00001B/438